六祖壇經

육조단경

돈황본
敦煌本

六祖壇經

혜능 지음
정화 풀어씀

도서출판 법공양

풀어쓴 이 서문

달빛 머금은 향기가 되시길

향기가 천 리를 간다 하여
천리향이라 부르는 꽃도
제 알몸을 다 드러낸 햇볕 아래선
향기조차 부끄러워 그늘에 숨어 있다가

한밤, 그것도
달 밝은 한밤중엔
달빛 머금고
천 리 길을 가더라.

인연 맺어 살아온 날들이 만든
삶의 결 속에 깃든 신비도
달빛에 제 무늬를 드러내리니
드러난 듯 숨은 삶의 결에다
달빛을 담아
만 리 길을 신비로 수놓고
향기로운 삶을 사시기 바랍니다.

2012년 5월
정화 삼가 씀

육조단경 서문

단경을 설하신 까닭은

혜능 대사께서 소주 대범사 강당에서 비구 비구니 도사 일반불자 등 만여 명을 상대로 반야바라밀법을 설명하시고 '무상계無相戒'를 주셨다. 소주 자사 위거를 위시한 관료 30여 명과 유교 선비 몇 명이 대사께 반야바라밀법을 설해 주시기를 청하였기 때문이다.

아울러 자사는 법해 스님께 대사의 법문을 기록해서 후대에 전하게 하였다. 그것은 도를 배우는 사람들이 대사의 근본 가르침(宗旨)을 이어 서로서로 전수하되, 믿고 의지할 만한 바른 이해의 기준이 있어야 제대로 이어받고 전할 수 있다고 여겼기 때문이다. 이것이 단경을 설하게 된 까닭이다.

惠能大師 於大梵寺講堂中 昇高座 說摩訶般若波羅密法 授(受)無相戒 其時座下 僧尼道俗 一萬餘人 韶州刺史韋璩(等據) 及諸官僚(寮) 三十餘人 儒士餘人 同請大師說摩訶般若波羅蜜法 刺史遂令門人僧法海集記 流行後代(伐) 與學道者 承此宗旨 遞相傳授 有所依(於)約 以爲禀承 說此壇經

차례

풀어쓴 이 서문 _ 달빛 머금은 향기가 되시길 5
육조단경 서문 _ 단경을 설하신 까닭은 7

1장. 법을 받게 된 인연

  1. 스승을 찾아감 尋師 13
  2. 게송을 지으라 이르심 命偈 23
  3. 신수 스님 神秀 25
  4. 게송을 바침 呈偈 31
  5. 법을 받음 受法 39

2장. 법을 설함

  1. 선정과 지혜 定慧 47
  2. 생각이 없음 無念 57
  3. 좌선 坐禪 65
  4. 세 가지 몸 三身 73
  5. 네 가지 원 四願 83
  6. 참회 懺悔 91
  7. 삼귀의 三歸依 97
  8. 성품이 빔 性空 105
  9. 반야 般若 113
  10. 근기 根機 121

11. 성품을 봄 見性 129

12. 단박에 깨침 頓悟 135

13. 죄를 없앰 滅罪 145

14. 공덕 功德 153

15. 서방 극락세계 西方 161

16. 수행 修行 171

17. 교화를 하심 行化 181

18. 단박에 닦음 頓修 187

19. 부처님의 행 佛行 199

20. 예배하고 법을 물음 參請 211

21. 상대되는 법 對法 223

22. 참됨과 거짓 眞假 235

23. 게송을 전함 傳偈 243

24. 법을 전한 계통 傳統 253

25. 참 부처 眞佛 257

3장. 멸도와 후기

1. 멸도 滅度 269

2. 후기 後記 271

찾아보기 275

일러두기

1. 이 책은 『돈황본 육조단경』을 편역한 것으로
   성철 스님께서 저술하신 책(돈황본 육조단경. 장경각. 1988)의
   원문 교열과 단락 나누기와 제목을 그대로 따랐으며
   내용을 이해하는 데서도 스님의 뜻을 많이 참조하였다.
2. 원문에 대한 번역은 직역보다는 의역에 중점을 두었으며
   이해를 돕기 위해서 사전의 뜻풀이를 본문에 더해
   편역을 시도한 곳이 여러 군데 있다.
3. 원문의 ( ) [ ] 「 」부호는 성철 스님께서
   원문을 교열하는 데 사용한 것으로 性(姓)이란 표기는
   원문의 姓자를 性자로 바로잡았다는 뜻이고,
   [心]이란 표기는 원문에 빠진 心자를 보충해 넣었다는 뜻이며
   「作」이란 표기는 원문의 作을 삭제해야 한다는 뜻이다.

1장

법을 받게 된 인연

1. 스승을 찾아감 尋師

선지식들이여,
마음을 깨끗이 하여 반야바라밀법을 생각하십시오

이 말씀을 하시고 난 다음 스님께서는 말씀을 이어가지 않고 스스로 심신心神을 깨끗이 한 다음 한참을 침묵하시다가 말씀을 이어가셨다.

선지식들이여, 잘 들으십시오.
저의 아버지는 본관이 범양인데 좌천되어 영남의 신주로 이사하게 됐습니다. 어렸을 때 아버님께서 돌아가셨고, 늙으신 어머님과 저는 다시 남해로 이사했으나 가난을 면할 수 없었습니다. 시장에 나무를 해다 팔면서 겨우 끼니를 이어갔습니다. 어느 날 손님 한 분이 나무를 사겠다고 하면서 저를 관가로 데려 갔습니다. 나무를 팔고 관가의 문을 나서는데 어떤 분이 『금강경』을 읽고 있었습니다. 경문을 한 번 듣자 마음이 맑아지고 문득 깨달은 바가 있었습니다. 그래서 그분께 물었습니다.

혜능 대사: 어디에서 오신 분이기에 이 경전을 가지고 계십니까?
경을 읽던 사람: 저는 기주 황매현 동빙무산에 주석하고 계신 오조 홍인 화상을 찾아뵙고 예배를 드리고 오는 중입니다. 지금 그곳에는 천여 명의 문인이 있습니다. 저는 그곳에서 홍인 대사께서 승려와 일반불자들에게 『금강경』 한 권만 지니고 읽으면 곧 자성을 보아 바로 부처를 이루게 된다고 권하는 것을 들었습니다.

그 말을 들은 저는 과거세의 인연이 있었는지, 곧 어머님께 말씀드리고 황매현의 빙무산으로 가서 오조 홍인 화상을 찾아뵙고 예배를 드렸습니다.
홍인 화상: 너는 어디 사람인데 여기까지 와서 나에게 예배하며, 나한테서 무엇을 구하고자 하는가?
혜능 대사: 저는 영남의 신주 사람이며, 멀리 이곳까지 와서 화상께 예배드리는 것은 다른 것을 구하고자 하는 것이 아니라, 오직 부처님의 가르침을 구하고자 함입니다.

그러자 오조께서 저를 꾸짖으면서 말씀하셨습니다.
홍인 화상: 너는 영남사람으로 오랑캐인데 감히 부처가 될 수 있단 말인가!
혜능 대사: 사람에게는 남북이 있으나 불성에는 남북이 없습니다. 오랑캐의 몸으로는 화상과 같지 않으나 불성佛性에서 보면 무슨 차별이 있습니까?

이 대답을 들은 홍인 화상께서는 더 이야기하고 싶은 것 같았으나, 좌우에 문인들이 있는 것을 보시고는 더 이상 말씀을 하시지 않고, 저를 내보내면서 대중들을 따라 일하라고 하셨습니다. 한 행자가 저를 방앗간으로 안내해서, 저는 그곳에서 여덟 달 남짓 방아 찧는 일을 하였습니다.

能大師言 善知識 淨心 念摩訶般若波羅蜜法 大師不語 自淨心神 良久乃言 善知識 靜(淨)聽 惠能慈父 本官 范陽 左降遷流[嶺]南新州百姓 惠能幼小 父小早亡 老母 孤遺 移來[南]海 艱辛貧乏(之) 於市賣(買)柴 忽有一客 買柴 遂領惠能 至於官店 客將柴去 惠能 得錢 却向門前 忽見一客 讀金剛經 惠能 一聞 心明(名)便悟 乃問(聞)客曰 從何處來 持此經典 客 答曰 我於蘄州黃梅縣(懸)東憑茂(墓)山 禮拜五祖弘忍和尙 見今(令)在彼 門人 有千餘衆 我於彼聽見大師勸道俗 但持(特)金剛經一卷 卽得見性 直了成佛 惠能 聞說 宿業有緣 便卽辭親 往黃梅憑茂(墓)山 禮拜五祖弘忍和尙 弘忍和尙 問惠能曰 汝何方人 來此山 禮拜吾 汝今向吾邊 復求何物 惠能 答曰 弟子 是嶺(領)南人 新州百姓 今故遠來 禮拜和尙 不求餘物 唯求[作]佛法「作」大師遂責惠能曰 汝是嶺(領)南人 又是獦獠 若爲堪作佛 惠能 答曰 人 卽有南北 佛性(姓) 卽無南北 獦獠身 與和尙 不同 佛性(姓) 有何差別 大師欲更共議 見左右在傍邊 大師更不言 遂發遣惠能 令隨衆作務 時有一行者 遂差惠能於碓房 踏碓八箇餘月

청정한 마음

청정한 마음이란 특별한 마음이 아닙니다. 일어나고 사라지는 모든 마음 현상을 있는 그대로 받아들여 그것으로 마음이 되게 하는 앎의 특성이 청정한 마음입니다. 일어나고 사라지는 마음 현상을 있는 그대로 알아차리는 본래의 마음이지요. 그러하기에 마음이 대상에 미혹되지만 않으면 일어나고 사라지는 마음 현상을 있는 그대로 볼 수 있습니다. 특별한 상태가 되려는 욕망이 개입되지 않았기 때문에 인식 대상에 현혹되지 않는 마음이며, 머물지 않는 흐름을 잡으려 하지도 않기에 무상한 인연에 수순한 마음이며, 수순한 인연 그대로가 마음이 된 마음입니다.

이 마음을 자각하게 되면, 인식의 대상이 분별된 것인 줄 알 뿐만 아니라 분별이 실상을 가리고 있는 줄 알아, 자아(我相)에 대한 이해를 새롭게 합니다. 이 마음을 자각한다는 것은 사물·사건을 '있는 그대로 보면서(正見)' '보이는 것들의 특성을 제대로 이해한다는 것(正思惟)'입니다. 흔들림 없는 알아차림이 온전히 빛나는 상태입니다. 지혜(반야)가 완성(바라밀)된 것이지요. 지혜가 완성됐다는 것은 마음이 지혜로 성숙됐다는 뜻이 아니라, 마음과 마음의 대상에 대한 바른 이해와 모든 번뇌가 사라진 열반을 성취했다는 것을 뜻합니다.

흔들림 없는 알아차림으로 욕망이 개입되지 않은 마음은 탐욕이 없을 뿐만 아니라 인식 대상을 있는 그대로 봄으로써 인식 대상조차 청정하게 하기 때문이며, 욕탐이 개입된 알아차림은 욕망이 인식 대상의 본질을 규정하면서 인식 대상조차 욕망이 되게 하기 때문입니다. 그렇기 때문에 삼계 가운데 욕계는 인식의 대상에 욕망을 결부시켜 욕망이 인식 대상의 본질을 결정하는 청정하지 않는 인식세계를 뜻한다고 하면, 색계는 인식 대상에서 욕망이 떨어져 나가 청정한 물질세계를 있는 그대로 인식하는 세계를 말하지만 아직 물질을 이루는 연기적 배경과 물질의 본성인 공성에 철저한 인식이 없는 것을 뜻하고, 무색계는 색계의 인식을 넘어서 순수하게 마음 작용만 있는 인식세계를 뜻합니다.

그러므로 무색계에서는 물질을 보는 것이 아니라 물질이 존재하게 되는 배경인 무한한 허공과 사물·사건들의 관계성을 관찰하게 되고(空無邊處), 관찰되는 허공의 무한성이 인식에 의해 형성된 이미지(想)인 줄 알아 인식만의 세계에서 인식의 무한성을 관찰하다가(識無邊處), 물질과 허공도 없는 무한한 인식 속에서 비교할 수 있는 차이가 없어져 인식조차 없는 것 같은 세계상을 관찰하는 데 이르러 존재하는 것은 아무것도 없다는 사유세계에 도달하게 되고(無所有處), 관찰이 더욱 깊어져 존재하는 것은 아무것도 없다는 이미지조차 넘어서게 되면서 있다는 표상(有想)과 없다는 표상(無想)을 동시에 만족시키는 근거로써 '표상이 있는 것도 아니고 없는 것도 아닌 세계(非想非非想處)'를 사유하게 됩니다. 이 모든 것이 오직 마음에 의해서만 사유되는 세계이므로 '물질이 없는 세계(無色界)'라고 합니다. 다만 표상이 있는 것도 아니고 없는 것도 아닌 세계에 대한 이미지, 곧 잠재적인 인상을 관찰했다고 하더라도, 이미지를 만들어 분별하는 마음의 경향성을 완전히 관찰하여 만들어진 이미지를 온전히 넘어선 것은 아니므로 윤회를 멈추고 열반을 성취한 것은 아닙니다.

그러므로 공부하는 사람은 오고 가는 대상에 자신의 욕망과 이미지를 결부시켜 파악하는 분별을 내려놓고 알아차려야 합니다. 그러면 분별된 이미지가 알아차리는 마음에 비친다고 할지라도 그 이미지의 흐름을 잡지 않기 때문에, 곧 자신의 욕망 등을 투사하여 보려는 속성을 내려놓았기 때문에, 이미지를 갖되(相) 이미지 스스로가 이미지를 해체시켜 무상하게 변해가는 모습(無相)을 보고 이해할 수 있으며(正見), 욕계의 욕망 등을 좇지 않는 생각을 할 수 있습니다(正思惟). 이렇게 형성된 바른 이해와 생각을 생각 생각으로 이어가면 욕망을 충족시키던 대상을 통해 얻게 되는 기쁨과는 다른 수승한 기쁨이 일어납니다. 그리하여 밖을 좇던 마음이 안으로 마음집중을 통해 성취된 수승한 기쁨을 향유하다가, 수승한 기쁨조차 쉰 고요한 알아차림을 하고 있는 마음이 되면서 알아차리는 마음의 본성까지도 알게 됩니다.

있는 그대로의 마음의 속성과 마음이 만들고 있는 인식의 무상성을 보게 되면서 청정한 마음조차 청정한 마음이라 할 어떤 것이 없다는 것을 알게 되는 것이지요. 이것이 수행을 통해서 완성된 바른 이해와 바른 생각인 반야의 지혜입니다. 그러므로 반야의 지혜는 수행으로 만들어지는 것이 아닙니다. 오염된 마음에서 오염된 요소를 제거해 가면서 청정하게 되어 가는 것 같기 때문에 성숙되어 가는 것처럼 보이기는 하지만, 알아차리는 마음의 특성은 본래부터 반야의 지혜로 어떤 욕망에도 걸리지 않고 있는 그대로를 알아차리면서 무상한 인연을 마음으로 표현하고 있기 때문입니다. 오고 가는 일체를 그 모습 그대로 알아차리고 있는 마음입니다.

이 마음이 무상한 인연을 앎으로 다 드러낸 것이며, 이 마음을 떠나서 다른 삶이 있는 것도 아닙니다. 그렇기 때문에 혜능 스님께서는 "수행자는 마음을 청정히 하여 어느 것에도 머물지 말고 무상한 인연의 흐름을 온전히 알아차려야 한다(淨心念般若波羅密)."라고 말씀하십니다. 스님께서는 『금강경』의 가르침을 한 번 듣고서 곧바로 '마음'과 '인연에 의해 만들어진 모든 것'의 본성이 빈 것임을 알아차리고 나서 단박에 모든 번뇌를 여의고 열반의 삶을 이루셨기 때문입니다.

『금강경』은 수보리 장로가 부처님께 "어떻게 살아야 하며, 어떻게 마음을 다스려야 합니까?"라고 질문하자, 부처님께서 "모든 중생을 제도하겠다는 원력으로 모든 중생을 제도하되 실상에서 보면 제도되는 중생이 없다고 보아야 된다."라고 답하시면서 그 이유를 설명하시는 경전입니다. 혜능 스님께서는 이 경전의 가르침을 한 번 듣고, 혼자 서 있는 듯한 자아의식과 자아의식에 동반되는 집착 등을 단번에 내려놓고 함께 사는 아름다운 연기의 세계, 곧 반야의 지혜를 온전히 드러내게 된 것이지요.

사람에게는 남북이 있지만 불성에는 남북이 없다

방향이란 태양과 지구 등등 많은 인연이 만들어 내는 하나의 개념입니다. 이 가운데 어느 하나라도 없다면 방향이라는 개념은 성립될 수 없습니다. 그러므로 남쪽이라는 방향을 배제하고 북쪽이 있을 수 없고 북쪽을 배제한 남쪽도 있을 수 없습니다. 어찌 방향뿐이겠습니까? 사람 또한 마찬가지입니다. 어떤 것이든 인연 맺는 이웃 조건에 의해서 어떤 것이 된다고 할 수 있습니다. 무엇이든 그것을 성립시키고 있는 인연의 총체성에서 보면 어느 것이나 인연 모두를 담고 있어 어느 것도 그것만으로 그것이 될 수 없지만, 어느 것이든 그 모습 그대로가 인연의 총체성이 될 수밖에 없기 때문에 사람도 있을 수 있고 방향도 있을 수 있습니다.

이와 같이 사람만으로의 사람은 아니지만 사람이 되고 방향만으로의 방향도 없지만 방향이 되는 인연의 각성覺性을 불성이라 할 수 있고, 불성에 의해서 표현된 특수한 개체성을 '사람' 또는 '남북'이라고 할 수 있으므로, 사람이나 남북이 없이는 불성도 없고, 불성의 무상한 변화가 없이는 사람이나 남북도 없습니다. 그렇기에 '사람 등에는 차별이 있고 불성에는 차별이 없다'는 것도 현상과 불성에 대한 온전한 표현이라고 할 수 없습니다.

차별 없는 인연 자체의 변화에서 온갖 차별이 나오므로 차별된 낱낱은 인연 전체의 무게를 담고 있는 차별이 되고, 인연을 모두 담고 있는 차별이기에 인연의 각성에서 보면 차별된 그 모습 그대로가 차별을 떠난 실상이 됩니다. 차별 없는 자리에서 온갖 차별이 나오고, 차별이 그 모습 그대로 차별 없는 불성을 온전히 드러내는 것입니다. 따라서 사람이나 남북으로 나타나는 차별을 무시하고 불성이라는 차별 없는 세계만을 구하는 것도 옳지 않고, 차별이 차별 없는 불성의 구현이기에 이웃과 온전히 다른 실체로서의 차별 이미지나 개념을 갖는 것 또한 바르지 않습니다.

2. 게송을 지으라 이르심 命偈

어느 날 오조 홍인 화상께서 문인들을 모두 불러 모아놓고 말씀하셨습니다.

홍인 화상: 세간을 벗어나지 못한 사람의 처지에서는 나고 죽는 생사윤회를 벗어나는 일보다 큰일이 없거늘, 그대들은 종일토록 부처님께 공양을 올리면서 복만을 구할 뿐, 어찌 생사의 고해에서 벗어나기를 바라지 아니하는가!

그대들이 자신의 본래 모습인 자성에 대해서 알지 못한다면 복을 쌓는 일(福門)이 어찌 그대들을 구하리오. 그대들 모두는 각자 자기 방으로 돌아가서 스스로를 잘 살펴보아라. 그리고 지혜가 있는 자는 본래의 성품인 반야의 지혜를 써서, 게송 하나를 지어 나에게 가져 오라. 내가 게송을 보고 대의를 얻은 자가 있거든, 조사의 지위를 상징하는 가사와 법을 부촉하여 육대의 조사로 삼을 것이다. 어서 빨리 서둘러라.

문인들이 이와 같은 처분을 받고 각자 자기 방으로 돌아간 후에, "우리들은 마음을 써서 게송을 지어 화상께 바칠 필요가 없다. 우리들의 교수사인 신수 상좌가 게송을 지어 바쳐 법을 얻은 후에 신수 상좌를 의지하면 되니 굳이 게송을 짓지 않아도 된다."라고 서로 서로 이야기하였습니다. 그리고 나서 모두들 마음을 쉬고 감히 게송을 지어 바치려 하지 않았습니다.

그때 홍인 화상께서는 당신의 방 앞에 있는 세 칸의 복도에 '능가경의 가르침을 그림으로 나타내는 능가변상도'와 '달마 대사부터 오조 홍인 대사까지 가사와 법을 전수하는 그림'을 그려 모시고, 후대에 전해 기념하고자 하였습니다. 이에 화가 노진이 벽을 살펴보고 나서 다음 날 착수하려고 하였습니다.

五祖弘忍於一日　喚門人盡來　門人　集訖(記)　五祖曰　吾向汝(與)說世人　生死事大　汝等門人　終日供養　只求福田　不求出離生死苦海　汝等自性(姓)　迷　福門　何可救汝　汝惣且歸房自看　有智(知)惠者　自(白)取本性(姓)般若之知(知之)　各作一偈呈吾　吾看汝偈　若悟(吾)大意者　付汝衣法　禀爲六代　火急急　門人　得處分　却來各至自房　遞相謂言　我等　不須呈心用意作偈　將呈和尙　神秀上座　是教授師　秀上座得法後　自可依(於)止　請不用作　諸人　息心　盡不敢呈偈　時大師堂前　有三間房廊　於此廊下　供養　欲畵楞伽變　幷畵五祖大師　傳授衣法　流行後代爲記　畵人盧珍(玲)看壁了　明日　下手

3. 신수 스님 神秀

상좌 신수 스님께서도 생각하였습니다.

신수대사 : 다른 문인들이 게송을 지어 바치지 않는 것은 내가 교수사로 있기 때문이리라. 나 또한 게송을 지어 바치지 않는다면, 오조께서 어떻게 내 견해의 깊고 낮음을 알 수 있으리오. 그러나 내가 게송을 지어 바치는 뜻이 법을 구하는 데 있어야 옳지, 조사의 지위를 구하는 데 있다면 옳지 않다. 조사의 지위를 구하는 데에 뜻이 있다면 법에 대해 아는 것이 없는 범부의 마음으로 성인의 지위를 빼앗는 것과 같다. 그렇다고 마음을 드러내지 않는다면 결코 법을 얻을 수 없으리라.

아무리 생각해 봐도 답이 나오지 않으니 참으로 어렵고 어려운 문제로다. 한밤중이 되서 아무도 보는 사람이 없을 때 남쪽 복도의 중간 벽 위에다 마음의 게송을 써놓고 법을 구해야겠다. 만약 오조께서 게송을 보시고 그 게송이 옳지 않다고 하시면서 나를 찾으시면 숙세의 업장이 두터워 법을 얻지 못하는 것이니 당연한 일이라 여기고, 성인의 뜻은 알기 어려우므로 스스로 마음을 쉬리라.

생각대로 신수 상좌는 한밤중에 촛불을 들고 남쪽 복도 중간 벽 위에다 아무도 몰래 다음과 같은 게송을 써 놓았습니다.

> 몸은 보리수요
> 마음은 밝은 거울 같으니
> 때때로 부지런히 털고 닦아서
> 티끌 먼지 안 묻게 하리

신수 상좌가 이와 같은 게송을 다 써놓고 방으로 돌아와 누울 때까지 아무도 본 사람이 없었습니다.

오조께서 다음 날 아침 화가 공봉 노진을 불러 남쪽 복도에 능가변상도를 그리라고 할 때 신수 상좌의 게송을 보게 됐습니다. 한 번 읽어보신 후에 공봉에게 말씀하셨습니다.

홍인 화상: 공봉께서 멀리까지 와서 노고가 큰 것을 생각하여 삼만 냥을 드리겠습니다. 변상도를 그리지 않아도 됩니다. 『금강경』에 '무릇 모양 있는 것은 모두가 다 허망한 것'이라 하였으니, 변상도보다는 이 게송을 남겨 두어 미혹한 사람들로 하여금 이 게송에 의지해 수행하게 하여 삼악도에 떨어지지 않게 하는 것이 더 좋겠습니다. 이 법에 의지해 수행하면 큰 이익이 있을 것입니다.

대사께서 문인들을 다 불러 모아 놓고 신수 상좌의 게송 앞에 향을 사르게 하니, 대중이 보고서 모두 공경하는 마음을 냈습니다.
홍인 화상: 그대들 모두는 이 게송을 외워라. 외우는 자는 견성하게 될 것이며, 이 게송에 의지하여 수행하면 적어도 악도에는 떨어지지 않을 것이다.

문인들 모두는 게송을 외우고 공경하는 마음으로 훌륭한 게송이라고 찬탄했습니다.

오조께서 신수 상좌를 거처로 불러 물었습니다.
홍인 화상: 그대가 이 게송을 지은 것이 아닌가? 만약 그대가 지었다면 나의 법을 얻을 수 있네.
신수 대사: 제가 지은 것입니다. 송구스럽습니다만 조사의 지위를 구하는 것이 아니니, 화상께서는 자비로운 마음으로 보아 주십시오. 제자가 조금이나마 지혜가 있어 대의를 알아차렸습니까?
홍인 화상: 그대가 지은 게송은 견해로 보면 상당하나 아직은 문 밖이지 방 안까지 들어온 것은 아니네. 범부가 이 게송을 의지해 수행한다면 타락하지는 않겠지만, 이와 같은 견해로써 위없는 지혜를 찾고자 한다면 찾을 수 없을 것이네. 모름지기 문 안으로 들어와야만 스스로의 본성을 볼 수 있네. 그대는 돌아가서 하루 이틀 잘 생각해 보고 다시 다른 게송을 지어서 가져오게. 만약 문 안에

들어와 스스로의 본성을 본 게송이 분명하다면 그대에게 가사와 법을 부촉하겠네.

이 말을 듣고 자기 방에 돌아온 신수 상좌는 며칠 간 생각하고 또 생각했으나 결국 다른 게송을 짓지 못하였습니다.

上座神秀思惟 諸人 不呈心偈 緣我爲敎授師 我若不呈心偈 五祖如何 得見我心中 見解深淺 我將心偈 上五祖呈意 求法 卽善(卽善求法) 覓 祖 不善 却同凡心 奪其聖位 若不呈心 終(修)不得法 良久思惟 甚難 甚難 甚難甚難 夜至三更 不令人見 遂向南廊下中間(問)壁上 題作呈 心偈 欲求於法 若五祖見偈 言此偈語[不堪] 若訪覓我 我宿業障重 不 合得法 聖意難測 我心自息 秀上座 三更 於南廊下中間壁上 秉燭題 作偈 人盡不知(和) 偈曰 身是菩提樹 心如明鏡臺 時時勸拂(佛)拭 莫 使有塵埃 神秀上座題此偈畢 歸房臥 並無人見 五祖平旦 遂喚(換)盧 供奉來 南廊下 畫楞伽變 五祖忽見此偈 讀訖(請記) 乃謂供奉曰 弘忍 與供奉錢三十千 深勞遠來 不畵變相也 金剛經 云 凡所有相 皆是虛 妄 不如留(流)此偈 令迷人誦 依此修行 不墮三惡 依法修行 人有大利 益 大師遂喚門人盡來 焚香偈前 人衆 入(人)見 皆生敬心 [五祖曰] 如 等 盡誦此偈者 方得見性(姓) 依(於)此修行 卽不墮落 門人盡誦 皆生 敬心 喚言善哉 五祖(褐)遂喚秀上座於堂內 問(門)是汝作偈否 若是 汝作 應得我法 秀上座言 罪過 實是神秀作 不敢求祖 願和尙 慈悲 看 弟子有小智惠 識大意否 五祖(褐)曰 汝作此偈 見卽來到 只到門前 尙

未得入 凡夫依(於)此偈修行 卽不墮落 作此見解 若覓無上菩提 卽未
可得 須入得門 見自本性(姓) 汝且去 一兩日來思惟 更作一偈 來呈吾
若入得門 見自本性(姓) 當付汝衣法 秀上座去 數日作不得

연기적인 관계 속의 변화가 앎

어느 것이든 두 찰나를 이어 동일한 양상으로 존재하는 것은 없습니다. 이처럼 찰나마다 변하는 것에 똑같은 이름을 쓴다는 것은 모순이므로, 분별된 이름만을 좇아가면 변화 이면에 변하지 않는 어떤 것을 생각하지 않을 수 없습니다. 이것이 언어를 매개로 하는 생각의 특성입니다. 그러므로 생각은 지금 여기의 무상한 인연을 떠난 곳에 생각만으로 자기 세계를 만듭니다. 이 세계는 언어를 매개로 이어지기 때문에 변하지 않는 것 같은 세계가 있는 것 같고, 나아가 그 세계만이 진실하다고 여기게 합니다. 분별된 언어를 매개로 하는 생각의 특성이 그렇기 때문입니다.

몸과 마음이라는 것 또한 그렇습니다. 깨달음이 드러나는 몸으로 법신·보신·화신이 따로 있고 거울같이 밝게 알아차리는 부처의 마음이 따로 있다는 생각을 전제로 하고, 그런 몸과 마음은 변하지 않지만 번뇌라는 먼지에 의해 덮여 있다고 한다면, '변하지 않는 실체로서의 몸과 마음' 그리고 '번뇌하는 몸과 마음'이라는 두 종류의 몸과 마음이 있게 됩니다. 그렇게 되면 몸과 마음 밖에 번뇌라는 것도 실재해야 할 것입니다. 언어를 매개로 하는 분별에는 분별되는 것마다 각기 다른 실체가 있다는 생각에 빠질 수밖에 없기 때문입니다. 따라서 생각에 따라 움직이는 마음을 그치고(止) 생각의 흐름을 있는 그대로 살펴보는 것(觀)이 필요합니다.

그러다 보면 모든 것이 변한다는 것을 알게 될 것입니다. 왜냐하면 모든 생명들은 우주의 변화에 적응하면서 자연의 선택에 따라 생명 활동을 하고 있기 때문이며, 변화가 생명 활동이며 우주의 흐름에 수순한 적응이면서 그와 같은 활동이 앎과 기억으로 표출되기 때문입니다. 그러므로 연기적인 관계 속의 변화가 앎이 되는 데도 불구하고, 알아차리는 앎은 변화 속에서 변하지 않는 것과 같습니다.

따라서 마음을 그쳐(止) 흐름을 본다(觀)는 것은 일어나고 사라지는 앎의 대상들을 그저(止) 보면서(觀) 앎에 깨어 있는 것입니다. 이것이 수행자에게는 무엇보다 중요합니다. 그러다 보면 변화가 앎이 되고 앎이 인연 그 자체의 분별임을 알게 됩니다. 무상한 변화가 앎이 되고, 앎이 변화로 자신을 드러내는 현재를 보게 되는 것이지요. 있는 그대로를 알아차리는 마음이 인연의 변화 밖에서 인연을 살펴 아는 것이 아니라, 알아차리는 마음 그 자체가 인연의 본질인 줄 분명하게 이해하게 된 것입니다. 그러므로 청정한 몸과 마음이 따로 있고 그 위에 번뇌라는 먼지가 묻어 있는 것처럼 몸과 마음을 이해한다면, 몸과 마음과 청정한 앎의 모습을 제대로 본 것이 아닙니다.

4. 게송을 바침 呈偈

제가 방아를 찧고 있던 방앗간 앞을 한 동자가 신수 상좌의 게송을 외우면서 지나갔습니다. 저는 한 번 듣고서 그 게송이 본성을 보지 못했으며 대의를 알지 못한 것인 줄 알았습니다.

혜능 대사: 지금 지나가면서 외우는 게송은 무슨 게송인가?

동자: 아직 모르고 계셨습니까? 오조께서 "나고 죽는 생사윤회의 일이 크다."라고 하시면서, "불법의 대의를 깨달은 자가 있다면 곧바로 가사와 법을 부촉하고 육대 조사로 삼겠다."라고 하셨습니다.

이 일이 있고 난 후에 신수 상좌께서 남쪽 복도 벽에 '모양 없는 게송(無相偈)' 한 수를 써 놓았습니다. 오조 화상께서 보시고 모든 문인들께 외우라고 하시면서 "이 게송을 깨친 사람은 자신의 본성을 볼 것이니, 이 게송에 의지하여 수행한다면 생사를 벗어나게 되리라."라고 하셨습니다.

혜능 대사: 내가 여기서 팔 개월이 넘도록 방아를 찧었지만 아직 조사당 앞을 가본 적이 없으니, 나를 그곳으로 인도하여 게송을 보고 예배할 수 있게 해 주게. 나 또한 그 게송을 외운 인연으로

다음 생에는 부처님 나라에 태어날 수 있기를 바라네.

동자가 저를 남쪽 복도로 인도하였습니다. 제가 신수 상좌의 게송에 예배하고 나서, 글자를 모르므로 옆에 있는 사람에게 게송을 한 번 읽어 달라고 부탁했습니다. 한 번 듣고 게송의 대의를 파악하고 나서, 저도 하나의 게송을 지었습니다. 그리고 글자를 아는 사람에게 부탁해서 서쪽 벽 위에 쓰게 하여 스스로에게 있는 본래 마음이 무엇인지를 드러냈습니다. 본래 마음을 알지 못하면 불법을 배워도 이익이 없으며, 마음을 알고 성품을 보아야만 불법의 대의를 알 수 있습니다. 다음은 제가 지은 게송입니다.

    보리수도 본래 없으며
    밝은 거울 또한 없다
    불성이 항상 청정하거늘
    어디에 티끌 먼지 있을까

또 하나의 게송을 지었습니다.

    마음은 보리수요
    몸은 밝은 거울
    맑은 거울이 본래 청정하거늘
    어디가 티끌 먼지로 물들까

절 안의 대중들이 제가 지은 게송을 보고 모두 이상하게 여기므로 저는 방앗간으로 돌아갔습니다. 오조께서 홀연히 저의 게송을 보시고는 제가 대의를 깨달은 줄 알았으나 대중들이 알고 해를 끼칠까 두려워하여, 대중들에게 "이 게송 또한 아니다."라고 말씀하셨습니다.

有一童子 於碓房邊過 唱誦此偈 惠能 一聞 知未見性(姓) 未(卽)識大意 能 問童子 適來誦者 是何言偈 童子答能曰 儞不知 大師言 生死事(是)大 欲傳衣(於)法 令門人等 各作一偈 來呈看 悟大意 卽付衣法 禀爲六代祖(褐) 有一上座名神秀 忽於南廊下 書無相偈一首 五祖(褐)令諸門人 盡誦 悟此偈者 卽見自性(姓) 依此修行 卽得出離 惠能 答曰 我此踏碓八箇餘月 未至堂前 望上人 引惠能至南廊下 見此偈禮拜 亦願誦取 結來生緣 願生佛地 童子引能至南廊下 能 卽禮拜此偈 爲不識字 請一人讀 惠[能]聞(問)已 卽識大意 惠能 亦作一偈 又請得一解書人 於西間壁上 題(提)著 呈自本心 不識本心 學法無益 識心見性(姓) 卽悟(吾)大意 惠能偈 曰 菩提本無樹 明鏡亦無臺 佛性(姓)常清(靑)淨 何處有塵埃 又偈曰 心是菩提樹 身爲明鏡臺 明鏡本清淨 何處染塵埃 院內徒(從)衆 見能作此偈 盡怪(恠) 惠能 却入碓房 五祖(褐)忽見惠能偈(但) 卽善「知」識大意 恐衆人知 五祖乃謂衆人曰 此亦未得了

반야바라밀이란 바른 이해와 바른 생각의 완성

혜능 스님께서 법문을 시작하면서 모인 대중들에게 '청정한 마음으로 항상 반야바라밀법을 잊지 말라'고 하셨습니다. '반야바라밀'이란 바른 이해와 바른 생각의 완성을 뜻합니다. 반야바라밀을 강조하고 있는 경전은 부처님께서 돌아가신 후 약 500년경에 일어난 초기 대승불교의 반야부 경전입니다. 중국 선종에서도 초조初祖인 달마 스님께서는 『능가경』과 『금강반야경』에 의거하여 심법을 전했으며, 4조 도신 스님께서는 『문수설반야경』에 의거하여 심법을 전수하셨고, 5조 홍인 스님께서는 『금강반야경』에 의거하여 심법을 전수하였습니다.

『금강경』의 32번째 대목을 보면 금강반야바라밀을 수행하는 수행자는 "인연 따라 만들어진 모든 것들을 마치 꿈·물거품·그림자·이슬·번갯불과 같다고 보아야 한다."라고 공성空性을 강조하고 있습니다. 이렇게 보는 것이 인연 따라 잠시도 머묾 없이 변하는 모든 것의 실상인 공성을 보는 것이며, 공성을 온전히 보고 이해하면 반야의 지혜가 완성된다는 것입니다. 이것이 반야부 경전 전편을 관통하고 있는 가르침이라고 할 수 있습니다.

그렇게 알아차려야 하는 까닭은 어느 것 하나 두 찰나를 연속하여 동일한 모습으로 존재하지 않고 변하므로 '있다(有)'라고도 할 수 없지만, 찰나마다 다른 모습으로 앎이 상속되니 '없다(無)'라고도 할 수 없기 때문입니다. 앎이 상속되는 것에서 보면 항상 있는 것 같고, 찰나의 다름이 앎이 된다는 것에서 보면 변화만이 있는 것 같습니다. 그러므로 있음만도 성립되지 않고 없음만도 성립되지 않습니다. 있음과 없음이라는 이미지(相)로 그릴 수 있는 것이 없다는 것을 아는 것이 있는 그대로를 아는 지혜입니다.

이 지혜는 다름으로 나타나는 찰나의 모습(相)이 꿈처럼 있지만 그 또한 두 찰나를 연속하지 않고, 나타나는 모습마다 다른 모습이 되면서 앎이 되는 무상(無常·無相)을 있는 그대로 알아차린 마음입니다. 이 마음, 곧 지혜가 작용하는 마음으로 보면 모든 것은 없던 데서 새로 생겨난 것도 아니고, 변화의 이면에 있는 변하지 않는 실재가 인연 따라 나타나는 것도 아니고, 이미 있는 존재가 인연 따라 흘러가는 것도 아닙니다. 다름으로 나타나는 찰나의 모습이 전부입니다. 인연의 실상이 이와 같기 때문에 『금강경』에서 말하는 꿈과 같다는 것은, 생겨나고 없어지는 모습이기에 꿈과 같다는 것이 아니라 모습 너머에 모습을 모습이게 하는 어떤 실체도 없기에 꿈과 같다는 것입니다.

또한 있지도 않고 없지도 않으면서 무상으로 변하는 그 모습이 온전히 인연을 다 드러내면서 앎이 된 인연을 기억으로 상속시켜가므로, 인연의 실상을 있는 그대로 보고 아는 것 밖에 다른 깨달음 또한 있을 수 없습니다. 찰나마다 변하는 인연에 수순하는 것이 반야의 완성이라는 것입니다. 이런 뜻에서 반야의 지혜는 수행으로 완성된다고 하지 않습니다. 잠시도 머묾 없는 인연의 변화가 깨달음인 줄 보고 아는 것입니다. 그래서 '단박에 깨닫고(頓悟) 단박에 닦는다(頓修)'라고 합니다.

혜능 스님께서 제시한 게송은 이러한 뜻을 담고 있습니다. 보리수에 비유되는 몸도 없고 밝은 거울에 비유될 마음도 없다는 것입니다. 몸도 없고 마음도 없기에 몸과 마음을 닦아 청정하게 한다는 뜻 또한 성립될 수 없습니다. 하나하나의 인연마다 그 인연으로 연기의 각성을 다 드러내니, 어느 것 하나 취할 수도 없고 버릴 수도 없습니다. 무상한 인연의 변화가 청정한 마음을 다 드러낸 인연입니다. 먼지 묻을 곳도 없고 먼지 또한 없습니다. 취해야 할 청정한 마음도 없고 닦아내야 할 번뇌도 없습니다. 그래서 '불성은 항상 청정하다(佛性常淸淨)'고 하였고, '밝은 거울 또한 본래 청정하다(明鏡本淸淨)'고 하였으며, 나아가 돈황본 단경이 유통되면서 돈황본 단경에 없던 부분이 첨가된 여러 판본이 나오는데, 그 판본 모두에서는 '불성은 항상 청정하다(佛性常淸淨)'라는 부분이 '본래부터 한 물건도 없다(本來無一物)'라고 바뀌게 됩니다.

모든 것을 있는 그대로 알아차리는 마음의 특성이 청정하다는 것은, 마음은 안다는 것 이외의 다른 특성을 갖지 않는다는 것이며, 앎 그 자체 또한 실체로서 어떤 것이 아니라는 것입니다. 이 말은 인연의 변화가 앎이며 마음이라는 뜻입니다. 마음과 알려지는 대상 모두가 원래부터 실체로서 분별될 수 없다는 것이지요. 하여 돈황본 이외의 다른 판본에서는 '청정하다'는 것보다는 '한 물건도 없다'라는 것을 강조했다고 하겠습니다. 연기 실상에서 보면 마음뿐만 아니라 모든 것들이 제 모습만으로 존재할 수 없다는 것이며, 드러난 모습도 모습을 드러나게 하는 것도 실체를 갖고 있는 것이 아니라 인연 따라 변하는 앎의 모습일 뿐이라는 것입니다.

기억하지만 기억에 머물지 않는 부처의 지혜

혜능 스님의 게송이 뜻하는 것은 신수 스님의 게송과는 확연히 다릅니다. 혜능 스님의 게송에는 번뇌를 닦아 청정한 마음을 드러내거나 만들어 간다는 뜻이 있을 수 없습니다. 이와 같은 인식의 전환이 있어야 모든 것의 자성自性인, 빈 모습에도 머물지 않는 공성의 본래 모습을 봅니다. 공성을 체득하여 본래부터 한 물건도 없다는 것을 자각한 것이 부처의 지혜를 이룬 것입니다. 이룬 지혜라고 하지만 부처 또한 특정한 모습으로 존재하는 것이 아니므로, 알아차리면서 변하는 인연의 각성이 부처가 되고 부처의 지혜가 됩니다. 그러므로 인연의 각성을 자각하느냐 하지 못하느냐에 따라서 '기억하지만 기억에 머물지 않는 부처의 지혜'가 되거나 '기억에 머무는 중생의 앎'이 됩니다.

앎이라는 특성에서 본다면 중생과 부처 그리고 마음이 차이가 없으나, 앎의 내용에서는 부처의 앎이 되면 부처의 마음이 된 것 같고 중생의 앎이 되면 중생의 마음이 된 것 같습니다. 중생도 따로 없고 부처도 따로 없으나, 마음 씀에 따라 중생의 마음과 부처의 마음이 따로 있는 듯하다는 것입니다. 그러나 오직 인연의 무상성이 나타내고 있는 앎 그 자체에 깨어 있다면 부처와 중생과 마음이 따로 없다는 것을 알게 될 것이며, 어느 것 하나 취할 수도 없고 버릴 수도 없다는 것도 알게 될 것입니다. 이것이 '청정'이라는 뜻이며 '본래부터 한 물건도 없다'는 뜻입니다. 청정하기에 한 물건도 없고 한 물건도 없기에 청정합니다.

혜능 스님의 게송이 나타내고 있는 뜻을 신수 스님은 알 수 없었다고 단경에서는 이야기하고 있지만, 신수 스님께서 강조하고 있는 것은 수행자가 인연의 각성을 자각하지 못한다고 하면 '청정'이라든가 '한 물건이 없다'라든가 하는 것을 알 수 없다는 것입니다. 곧 인연의 각성을 자각하지 못하는 한, 밝은 거울 같은 마음이 먼지에 덮여 있는 것과 같으니, 부지런히 수행하여 번뇌를 만드는 마음씀을 털어내고 청정한 마음과 깨달음을 얻어야 한다는 것입니다. 있는 그대로의 모습에 초점을 맞추면 모든 것이 연기의 공성에서 청정하지 않는 것이 없으나, 수행자가 이것을 체험하지 못했다면 청정성을 보지 못하게 하는 분별을 떠나야 한다는 것을 강조할 수밖에 없습니다. '한 물건도 없다'는 뜻을 바르게 알지 못하면 허무에 빠지거나 함부로 살 수가 있고, 청정과 번뇌를 나누면 부처 세계와 중생 세계가 다르다는 이원성의 분별에 빠질 수 있으니, 신수 스님의 뜻과 혜능 스님의 뜻이 어디에 있는지를 잘 살펴 치우치지 않는 수행을 해야 합니다.

5. 법을 받음 受法

오조께서 한밤중에 저를 조사당으로 불러『금강경』을 설해 주셨습니다. 제가 한 번 듣고서 말이 떨어지자마자 바로 깨달아 그날 밤 법을 받았으나 아무도 몰랐습니다.

오조께서 곧바로 저에게 돈법頓法과 가사를 전하면서, 말씀하셨습니다.
홍인 화상: 그대가 육대 조사가 됐으니 가사를 신표로 삼아 대를 이어 서로 전할 것이며, 법은 마음으로 전하여 마땅히 스스로 깨닫게 해야 하네. 혜능 스님, 예부터 법을 전해 받고 나서는 목숨이 실낱에 매달린 것과 같았네. 만약 이곳에 계속 있다가는 사람들이 그대를 해칠 수 있으니, 어서 빨리 먼 곳으로 떠나야 하네.

제가 가사와 법을 전해 받고 밤중에 떠나려 하니 오조께서 몸소 구강역까지 배웅하시고 나서, 헤어질 때 제게 당부하셨습니다.
홍인 화상: 그대로 부지런히 남쪽으로 가되 삼 년 동안은 법을 펴려 하지 말게. 환란이 일어날 것이니, 환란이 지난 후에 미혹한 사

람들을 잘 지도하게. 그러다가 그들의 마음이 열리게 된다면 그대와 더불어 깨친 바가 같을 것이네.

이와 같은 당부 말씀을 듣고 나서 작별 인사를 하고는 곧바로 남쪽으로 출발했습니다. 두 달 반쯤 되어서 대유령에 이르렀습니다. 그때까지 수백 명이 뒤따라와 저를 해치고 가사와 법을 빼앗으려고 하다가 절반쯤 와서 다들 돌아간 줄을 저는 몰랐습니다. 오직 출가하기 전에 삼품 장군이었으며, 성품과 행동이 거칠고 나쁜, 진씨 성을 가진 혜명 스님만이 포기하지 않고 거의 고갯마루까지 쫓아와서 덮치려 했습니다.

이에 제가 가사를 건네주었으나 기꺼이 받으려 하지 않고, "제가 일부러 멀리까지 쫓아온 것은 법을 구함이요, 가사가 필요한 것이 아닙니다."라고 하여, 제가 고갯마루에서 혜명 스님에게 법을 전수해 가르쳤습니다. 제 말이 끝나자마자 혜명 스님의 마음이 열렸습니다. 저는 혜명 스님에게 북쪽으로 가서 사람들을 교화하라고 하였습니다.

五祖夜至(知)三更 喚惠能堂內 說金剛經 惠能 一聞 言下 便悟(伍) 其夜受法 人盡不知 便傳頓法及衣 汝爲六代祖 衣將爲信 禀代代相傳 法以心傳心 當令自悟 五祖言 惠能 自古傳法 命(氣)如懸絲 若住此間 有人害汝 汝卽須速去 能 得衣法 三更 發去 五祖自送能於九江驛 登時 便五(悟)祖處分 汝去努力 將法向南 三年 忽弘此法 難起

(去) 在後弘化 善誘迷人 若得心開 汝悟 無別 辭違已了 便發向南 兩月中間 至大庾(庚)嶺 不知向後 有數百人來 欲擬害(頭)惠能 奪衣(於)法 來至半路 盡惣却廻 唯有一僧 姓陳 名惠明(順) 先是三品將軍 性行麤惡 直至嶺上 來趂犯著 惠能 即還法衣 又不肯取 我故遠來 求法 不要其衣 能 於嶺上 便傳法惠明(順) 惠明(順) 得聞 言下心開 能 使惠明(順) 即却向北化人來

매임 없는 알아차림으로 빛나는 마음을 보다

   마음 밖에서 진리를 구하려고 하면 외도外道가 되고, 정해진 패턴대로 일어나고 있는 인식을 마음으로 보는 것은 이미지(相)에 집착된 것입니다. 패턴화된 인식은 기억된 이미지가 인식의 대상으로 재구성되어 나타난 현상입니다. 이미 경험했던 인식의 보편상에 대한 정보를 종자로 만들어 기억하여 갖고 있는 인식활동의 근거인 업식業識이 종자화된 이미지를 바탕으로 현재의 인연을 재구성하여 인식한다는 것입니다.
   이와 같은 인식은 기억으로 현재를 재구성하여 보고 있는 것이므로 인식 결과만 놓고 보면 현재의 마음이 아닙니다. 더구나 재구성된 현재 인식이란 이미 결과 지어진 과거의 인식 패턴이 현재화된 것이므로, 과거란 끊임없이 미래의 인식을 만들어 미래를 준비하고 있는 미래라고 할 수 있습니다. 현재의 인식이면서 과거가 되고, 동시에 자신의 미래를 만들고 있으므로 삼세의 윤회를 벗어날 수 없는 인식 패턴입니다.

그러므로 윤회를 멈추기 위해서는 마음 밖에서 진리를 찾을 것이 아니라 마음 그 자체를 바르게 보고 바르게 이해해야 합니다. 만일 마음 밖에서 진리를 찾는다면 마음에서 일어나고 있는 봄(觀)과 이해조차 마음 밖이 되고 마는 것을 알아야 합니다.

마음이 마음 밖을 떠도는 것이 삼세를 만들고 삼계를 윤회하는 것입니다. 자유롭지 못한 삶이지요. 마음이 주인이 되지 못하고, 객지를 떠도는 것입니다. 마음을 바로 보고 바르게 이해해야만 하는 당위성도 여기에 있습니다.

마음을 가르쳐 주고 있다는 가르침에서 마음을 찾아서도 안 되고, 손짓 몸짓으로 보여 주는 행위를 통해 마음을 이해하려고 해서도 안 됩니다. 밖을 향한 마음도 내려놓아야 하지만 현재의 인식에도 매이지 않아야 합니다. 무상하게 변하는 인연에 수순하면서 온전히 깨어 있어야 합니다. 깨어 있는 마음은 어떤 현상에도 흔들리지 않으면서 알아차림만으로 온전히 빛납니다. 이 마음은 청정한 마음자리를 떠난 적이 없습니다. 때문에 매임 없는 알아차림으로 빛나는 마음을 본다는 것은 보는 마음과 보이는 마음이 따로 있는 상태가 아닙니다. 봄(觀)만으로 있으면서 흔들리지 않는 마음입니다. 이 마음 상태를 경험하기 위해서는 외부로 향한 시선을 안으로 돌려야 합니다. 안으로 돌려 스스로 마음을 보아야 하고 스스로 알아차려야 합니다.

마음이야말로 수행자가 의지해야 할 경전

혜능 스님께서 홍인 스님께 전해 받은 법은 특정한 마음법이 아닙니다. 인연에 수순하는 스스로의 마음이며, 현상이면서 앎이 되고 앎이면서 현상이 되는 마음이며, 인연의 무상성을 알아차린 마음입니다. 이 마음은 마음이라고도 할 수 없는 마음이며, 인연 따라 마음도 되고 현상도 되면서 어디에도 매이지 않는 마음이며, 과거에도 걸리지 않고 미래를 결정하지도 않는 마음이며, 삼계를 넘어서고 삼세도 벗어나 오롯한 알아차림으로 지금 여기를 온전히 사는 마음입니다. 이것이 마음에서 마음으로 전해진 법입니다. 전해질 수 있는 실체가 없으면서도 서로의 마음을 마음이게 하는 법입니다. 깨달음의 세계가 밝게 열린 것이지요.

스승의 마음을 전해 받은 것은 아니지만 마음자리를 온전히 알아차린 체험은 스스로의 마음을 알아차린 마음이면서 스승의 마음을 전해 받은 것과 같습니다. 연기 공성으로 하나 된 마음법입니다. 이 마음은 특정한 현상으로 설명될 수 없지만, 인연마다 그 마음을 떠나서 다시 다른 마음이 없기 때문에 현상을 달리하는 마음 마음마다 마음의 실상을 전부 드러냅니다.

마음 밖에서 법을 구하면 구하고 있는 마음이 아닌 다른 마음을 찾게 되어 찾는다는 마음이 마음 스스로를 볼 수 없게 하며, 찾으려는 마음은 특정한 마음이기 때문에 자기 마음조차 받아들이지 못하니 자신에게서조차 소외되고 맙니다. 이 마음이 삶을 괴롭게 만듭니다. 그러므로 마음 하나를 알아차린다는 것은 단지 하나의 마음을 알아차리는 데 그치지 않습니다. 온갖 불만족을 넘어서게 하고, 서 있는 자리에서 열반을 체험하게 합니다.

  홍인 스님께서 혜능 스님께 전한 가르침은 '청정한 마음에 온갖 공덕이 담겨 있다'는 것입니다. 아무것도 갖고 있지 않지만 어느 것도 갖기를 바라지 않으니, 빈 모습이면서도 그것으로 충만한 삶을 살 수 있기 때문입니다. 이 마음은 마음이라고 특정할 수도 없기에 전할 수도 없고, 받을 수도 없는데 대를 이어 오늘날까지 전해지고 있습니다. 마음이 경전이 되고 경전이 되는 마음이 전해지고 있는 것과 같습니다. 그래서 혜능 스님께서는 수행자들로 하여금 마음을 경전으로 삼고 마음을 의지해서 수행해야 된다고 하였습니다. 마음이야말로 '수행자가 의지해야 할 경전(所依經典)'이라는 것이지요.

2장

법을 설함

1. 선정과 지혜 定慧

제가 여기 와서 여러 관료들과 도사, 일반 불자들을 상대로 부처님의 가르침을 이야기하게 된 것은 오랜 세월 동안의 인연이 있었기 때문입니다. 지금 제가 가르치는 법은 옛 성인께서 전하신 것이지, 제 스스로 안 것이 아닙니다. 옛 성인의 가르침을 듣기 원하시는 분들은 각자 마음을 깨끗이 하여야 하며, 듣고 나서는 스스로 미혹함을 없애 옛 분들의 깨달음과 같기를 바라야 합니다.

선지식들이여, '완전한 깨달음에 이르는 지혜(菩提般若之智)'를 세상 사람 모두가 본래 지니고 있지만, 마음이 미혹하기 때문에 스스로 깨칠 수 없습니다. 그러므로 반드시 선지식의 가르침을 받아 스스로의 성품을 보아야 합니다. 깨치게 되면 지혜를 이룹니다.

선지식들이여, 제가 하는 이 법문은 선정과 지혜로 근본을 삼습니다. 그렇지만 가장 염두에 두어야 하는 것은 지혜와 선정이 다르다고 잘못 생각하지 않는 것입니다. 선정과 지혜는 바탕이 하나로 둘이 아닙니다. 선정은 지혜의 바탕이요, 지혜는 선정의 작용입니다. 지혜가 작용할 때는 선정이 지혜에 있고, 선정에 들었을 때는 지혜가 선정에 있습니다.

선지식들이여, 이 뜻은 선정과 지혜가 평등하다는 것입니다. 도를 배우는 사람은 의도적으로 선정이 있고 나서 지혜가 나온다든가 지혜가 있고 나서 선정에 든다고 하여 선정과 지혜를 다르다고 여겨서는 안 됩니다. 이와 같은 견해를 갖는 사람은 법에는 두 가지 모습이 있다는 대립적인 관념을 세우는 것입니다.

입으로는 선善을 말하면서 마음이 선하지 않으면 지혜와 선정이 대등하지 않는 것이며, 마음과 말이 모두 선하여 안팎이 한가지여야 선정과 지혜가 대등한 것입니다. 스스로 깨치는 수행은 말로 다투는 데 있지 않습니다. 만약 선정과 지혜에 대해 선후를 다툰다면 어리석은 사람입니다. 승부를 가리는 마음을 그치지 않는다면 도를 닦는다면서 도리어 법집과 아집만 생길 것이니 사상四相을 여의지 못합니다.

일행삼매一行三昧란 언제 어느 때나, 곧 움직이거나 머물거나 앉거나 눕거나 항상 곧은 마음을 쓰는 것입니다. 『유마경』에서 "곧은 마음이 도량이요, 곧은 마음이 정토다."라고 한 것이 이것입니다. 마음으로는 아첨하고 굽은 생각을 하면서 입으로만 법의 곧음을 이야기해서는 안 됩니다. 입으로만 일행삼매를 이야기하고 곧은 마음을 쓰지 않는다면 부처님의 제자가 아닙니다.

오직 곧은 마음만을 써서 어느 것에도 집착하지 않는 것이 일행삼매입니다. 그러나 어리석은 사람은 말에 따라 분별된 것들(法)의 이미지(相)에 집착하니, 일행삼매라는 말의 이미지에 집착하여 곧은 마음을 '앉아 움직이지 않으면서 망념을 제거하여 마음이 일어나지 않는 것'이라고 하며, 이것을 일행삼매라고 생각하는데, 만약 일행삼매가 그와 같다면, 그 법은 무정과 같은 것으로 도리어 도를 장애하는 원인이 됩니다.

도道란 마땅히 막힘없이 흘러야 하거늘, 어찌 막힌 것이 도가 되겠습니까? 마음이 머무르지 않는 것이 막힘없이 흐르는 것이며, 머물러 있다면 속박된 것입니다. 만약 앉아서 움직이지 않는 것이 옳다고 하면, 유마 거사께서 사리불이 숲속에서 평안하게 앉아 있는 것으로 수행을 삼는 것을 어찌 꾸짖었겠습니까?

선지식들이여, 저는 어떤 사람이 사람들에게 "앉아서 마음을 보고 청정함을 보되, 움직이지도 말고 일어나지도 않아야 공부를 이룬다."라고 가르치고, 이 가르침을 따른 어리석은 사람들이 깨닫지도 못하고 거기에 집착하여 잘못되는 일이 수백 가지나 되는 것을 보았습니다. 이와 같이 도를 가르치는 것은 크게 잘못된 것인 줄 알아야 합니다.

선지식들이여, 선정과 지혜의 관계는 등燈과 등불의 관계와 같습니다. 곧 등이 있으면 빛이 있고, 등이 없으면 빛이 없는 것과 같습니다. 등은 빛의 바탕이요 빛은 등의 작용입니다. 이름으로 보면 둘이 있으나 바탕은 두 가지가 아니듯, 선정과 지혜 또한 그와 같습니다.

惠能 來依(衣)此地 與諸官僚(奪)道俗 亦有累劫之因 教是先聖(性)所傳 不是惠能自知 願聞先聖(性)教者 各須淨心 聞了願自除(餘)迷 如(於)先代悟 下是法 惠能大師喚言 善知識 菩提般若之智(知) 世人本自有之 卽緣心迷 不能自悟 須求大善知識 示導(道) 見性 善知識 遇悟卽成智 善知識 我此法門 以定慧爲本 第一勿迷言惠定 別 定惠體一不二 卽定是惠體 卽惠是定用 卽惠之時 定在惠 卽定之時 惠在定 善知識 此義 卽是[定]惠等 學道之人 作意 莫言先定發惠 先惠發定 定惠各別 作此見者 法有二相 口說善 心不善 惠定不等 心口俱善 內外一「衆」種 定惠卽等 自悟修行 不在口諍 若諍先後 卽是[迷]人 不斷勝負 却生法我 不離四相 一行三昧者 於一切時中 行住坐(座)臥 常行直(眞眞)心 是 淨名經 云 直(眞)心 是道場 直(眞)心 是淨土 莫心行諂曲(典) 口說法直 口說一行三昧 不行直(眞)心 非佛弟子 但行直(眞)心 於一切法 無「上」有執著 名一行三昧 迷人 著法相 執一行三昧 直(眞)心 坐不動 除妄不起心 卽是一行三昧 若如是 此法 同無

情(淸) 却是障道因緣 道須(順)通流 何以却滯 心[不]住在 卽通流 住
卽被(彼)縛 若坐不動 是 維摩詰 不合呵舍利弗 宴坐(座)林中 善知
識 又見有人 敎人坐(座) 看心看淨 不動不起 從此置功 迷人 不悟 便
執成顚 卽有數百般(盤) 如此敎道者 故知(之)大錯 善知識 定惠 猶
如何等 如燈光 有燈卽有光 無燈卽無光 燈是光之(知)體 光是燈之用
[名]卽有二 體無兩般 此定惠法 亦復如是

인식 대상에 의해 흔들리지 않는 알아차림

마음의 작용을 살펴보면 한두 가지가 아니지만 사건·사물에 주의를 기울여 알아차리고, 기억하고, 이해하는 것은 어느 것보다 중요한 작용이라고 할 수 있습니다. 주의를 기울이지 않는 사건·사물에 대해서는 알아차림이 뒤따르지도 않으며, 알아차림이 없으니 이해 또한 일어나지 않습니다. 곧 주의를 기울여 알아차리고 그것을 기억에 맞게 재구성해야 비로소 이해하게 된다는 것이지요.

그러므로 기억한다는 것은 기억된 영상을 그대로 재현할 수 있거나 그때의 상황에 맞게 여러 기억들을 통합하여 하나의 인식을 만들 수 있다는 것입니다. 따라서 기억을 매개로 하는 알아차림이란 일정한 틀을 가질 수밖에 없습니다. 기억은 시간과 공간을 특정한 양상으로 분절하여 언어로 표현할 수 있는 보편상을 만들어 갖는 것입니다. 보편상이 언어가 되고 언어가 다시 생각과 인식의 도구가 되는 순환이 기억의 특징입니다. 생각의 도구인 언어가 만들어지고 기억되면서, 인식 대상들도 언어와 기억에 따라 분별되고, 분별된 것은 관계의 항들과 관계없이 독자적인 실체를 갖는다고 재인식됩니다.

따라서 현재란 기억된 과거이며 기억됐던 과거가 준비한 미래라고 할 수 있고, 분절된 공간을 따로 갖고 있는 것과 같기에 특정한 공간을 점유하고 있는 어떤 것처럼 이해될 수밖에 없습니다. 현재이지만 현재로 나타나는 과거이면서 과거가 만든 미래이기에 인식이 일어나고 있는 지금 여기를 분명하게 알 수 없게 됩니다.

그러므로 아는 것을 내려놓고 일어나고 사라지는 인식에서 사건·사물을 그대로 보고 알아차리는 것이 중요합니다. 그러다 보면 인식의 대상에 마음이 흔들리지 않고 오직 앎 하나의 상태로 있을 수 있고, 비교를 떠나 온전히 지금 여기의 존재 상태로 있을 수 있으며, 앎조차 없는 듯할 때도 있습니다. 이 상태를 '선정'이라고 합니다. 알아차리는 마음의 특성이 온전히 살아 있으면서도 대상에 의해 흔들리지 않는 마음 상태입니다.

인식 대상에 의해 흔들리지 않는 알아차림이 분명하게 살아 있으면 그것들의 특성을 이해하게 될 뿐만 아니라 앎이 무엇인지도 이해하게 됩니다. 나아가 알아차리는 마음 또한 알아차리는 것만으로 독립되어 있지 않은 줄 압니다. 앎으로 하나 되는 지금 여기에 투철하게 깨어 있게 되면서 어디에도 매이지 않는 마음이 인연이 되고 앎이 된 것을 이해하게 된 것이지요. 분명하게 알아차리는 마음이 사건·사물을 있는 그대로 보고, 사건·사물의 본질을 이해하게 하고, 바른 봄과 바른 사유인 지혜를 갖추게 합니다. 일상의 의식과 선정의 의식을 넘나들면서 알아차리고 있는 마음과 알아차려진 대상의 본질이 무상인 줄 아는 지혜가 생겨난 것입니다. 선정으로 번뇌가 사라지고, 지혜로 번뇌의 속성이 무상한 줄을 보고 안 것입니다.

지혜로 인연의 공성을 알았다고 하더라도 선정의 흔들림 없는 지켜봄이 없다면 일어나고 사라지는 사건·사물에 흔들리지 않고 지혜로운 마음을 쓸 수 없고, 지혜가 생겨나지 않는다면 선정조차 공성인 줄 알지 못하므로 선정을 탐하는 마음을 넘어서기 어렵습니다. 그렇기에 혜능 스님께서 돈교법은 선정과 지혜가 근본이 된다고 하셨으며, 선정과 지혜가 다르다고 여겨서는 안 된다고 하셨습니다. 있는 그대로를 알아차리는 바탕(體)이 없다면 지혜로운 마음 씀(用)이 없고, 지혜로운 마음 씀이 없다면 알아차리는 마음의 공성을 이해할 수 없다는 것이지요.

그러므로 공부하는 사람은 항상 선정과 지혜가 서로 다른 실체를 갖는 마음이라고 여겨서는 안 됩니다. 만일 각기 다른 실체를 갖는 마음이라고 이해하게 되면, 모든 것은 본질적으로 다른 실체를 갖고 있다는 네 가지 생각(四相)을 벗어날 수 없게 됩니다. 곧 인간마다 다른 실체로서의 자아가 있다는 아상我相, 윤회의 실체로서 자아가 있다는 인상人相, 모든 것들의 근본 실체로서 순수한 질료가 있다는 중생상衆生相, 번뇌와 업에 의해 가려진 순수 정신의 실체가 있다는 수자상壽者相을 갖고 있는 것과 다름이 없다는 것이 지요.

온갖 인연과 막힘없이 소통되는 청정한 마음

『금강경』의 가르침은 실체로 지칭되는 네 가지 생각(四相)의 허구를 밝히고 있습니다. 사상四相의 허구를 아는 것이 공성을 아는 것이며, 공성을 아는 것이 생명들의 연대인 연기를 아는 것입니다. 연기법을 안다는 것은 연기법을 이해하는 데 그치는 것이 아니라 어디에도 매임 없는 앎으로 인연의 흐름과 함께하는 생명활동입니다. 이와 같은 앎을 반야의 지혜라고 합니다. 그래서 단경의 이름을 『남종돈교최상대승마하반야바라밀경』이라고 하여 반야부 경전 가운데 하나임을 나타냈으며, 첫머리에 마하반야바라밀을 잊지 말고 사건·사물을 보라고 하였습니다. 생명연대인 연기의 공성이 보고 알아차리는 마음 하나에 온전히 드러나는 것을 단박에 깨닫게 하는 것이 최상의 가르침이라는 것입니다.

사상의 분별을 떠나 연기법으로 하나 된 세계를 있는 그대로 알아차리는 마음은 기억된 것만을 인식의 대상(法)으로 하는 것이 아니라, 언제나 인연 그 자체가 되는 것입니다. 인연마다 마음이 되고 마음이 인연이 된 현재를 그대로 볼 뿐만 아니라, '마음'과 '인연'과 '인식의 대상(法)' 모두가 무상이며 무아인 줄 이해하는 것입니다.

이것이 청정함을 특성으로 하는 마음의 본래 모습입니다.

실체를 갖는다는 분별을 떠나 인연을 있는 그대로 받아들이니 마음 씀 하나마다 삼매가 아닐 수 없습니다. 온갖 인연과 막힘없이 소통되는 청정한 마음입니다. 이 마음을 '일행삼매一行三昧'라고 합니다. 진여 자성의 곧은 마음으로 인연과 소통하는 것입니다. 곧은 마음은 진여 자성의 특성으로 모든 것과 어울려 생명의 연대를 실현하는 연기의 각성입니다. 그렇기 때문에 『유마경』에서는 곧은 마음을 불도佛道가 실행되고 있는 곳이며, 청정한 삶이 완성되어 있는 극락정토라고 하였습니다. 곧은 마음은 진여 자성이 그대로 드러난 것으로 어디에도 머물지 않으며, 인식 대상의 의해 흔들리지 않으므로 어디에도 집착하지 않습니다. 형상에도 집착하지 않고 언어 개념의 분별에도 집착하지 않습니다.

따라서 '앉아서 마음을 보고 청정함을 보아 마음이 움직이지 않게 하고, 청정하지 않는 몸과 마음의 작용이 일어나지 않게 하라'는 것을 공부의 요체로 삼는 것은 모든 것이 그 모습 그대로 연기의 공성임을 꿰뚫어 아는 반야의 지혜를 통달하지 못한 것이며, 실체를 갖는 '마음과 청정함'을 찾는 것과 같으므로 옳지 않습니다. 반야바라밀 수행자는 막힘없이 흐르는 것이 불도가 되고 청정한 마음인 줄 알며, 찾는 마음 그 자체가 진여 공성의 앎임을 자각하는 것이 공부의 요체임을 알아야 합니다.

2. 생각이 없음 無念

선지식들이여, 법 그 자체에는 '단박(頓)'과 '점차(漸)'의 구별이 없지만 사람은 영리한 사람과 우둔한 사람이 있습니다. 우둔하여 미혹한 사람은 법의 본성과 차츰차츰 계합할 것이고, 영리하여 이해가 빠른 사람은 법의 본성을 곧바로 이해하고 닦아갈 것입니다. 자신의 본래 마음을 아는 것이 본성을 보는 것입니다. 단박에 깨닫든 점차로 깨닫든 깨달음 그 자체에는 원래부터 차별이 없으나 깨닫지 못하면 오랫동안 윤회하게 됩니다.

선지식들이여, 나의 법문은 예부터 지금까지 '생각 없음(無念)'을 종지(宗)로 삼고, '모양 없음(無相)'을 본체(体)로 삼으며, '머묾 없음(無住)'을 바탕(本)으로 삼았습니다.

'모양이 없다(無相)'는 것은 모양마다 그 자체로 차별된 모양을 넘어선 것으로 고정적인 모양이 없다는 것이고, '생각이 없다(無念)'는 것은 생각하되 허망한 생각을 하지 않는다는 것입니다. '머묾이 없다(無住)'는 것은 사람의 본성으로서, 생각 생각이 머물지 아니하고 앞생각과 지금 생각 그리고 뒷생각이 끊임없이 이어지는 무상한 흐름을 뜻합니다. 만약 한 생각이라도 끊어진다면 본성인 법신이 색신을 떠난 것이 됩니다. 또한 생각이 일어날 때마다 일어난 생각이 어느 것에도 머물지 않아야 합니다. 만약 한 생각이라도 머무른다면 생각마다 머무르는 것이 됩니다. 이를 얽매임이라 합니다. 만약 일어난 생각이 어느 것에도 머무르지 않는다면 얽매임은 없습니다. 그러므로 머무르지 않는 것을 근본으로 삼습니다.

선지식들이여, 밖으로 차별된 모든 모양을 넘어선 것이 모양이 없는 것입니다. 자성의 본체는 본디부터 청정하니 수행자는 다만 차별된 모양을 넘어설 뿐입니다. 그렇기 때문에 '모양 없음'을 본체로 삼습니다.

또한 인식할 때 인식 대상에 의해서 오염되지 않고 인식하는 것을 '생각이 없다(無念)'고 합니다. 그러므로 생각 그 자체에서도 차별된 경계를 만들지 않아야 하고 인식 대상으로 나타난 것들에 따라 자성을 갖는 분별도 하지 않아야 합니다. 그렇다고 어떤 것도 생각하지 않으면서 생각이 다 없어졌다고 여겨서도 안 됩니다. 만약 한 생각이라도 끊어진다면 단견에 떨어질 것이므로 윤회를 계속할 것입니다. 배우는 사람은 모두 마음을 잘 써서 '인식 대상으로 나타난 경계(法)'에 대해 '자성적 분별(意)'을 쉬어야 합니다. 쉬지 못해 스스로 잘못되는 것은 어쩔 수 없으나, 어찌 다른 사람에게 잘못된 분별을 권할 수 있겠으며, 미혹하여 자신도 알지 못하면서 경전의 가르침을 비방할 수 있겠습니까? 이런 까닭에 '생각 없음(無念)'을 종지宗旨로 삼습니다.

왜냐하면 미혹한 사람은 인연을 만날 때마다 그 경계에 따라서 생각이 일어나고, 일어난 생각에 따라 바로 잘못된 견해를 일으키므로 모든 번뇌와 허망한 생각이 끊임없이 일어나기 때문입니다. 그러므로 홍인 스님으로부터 전해진 가르침은 '생각 없음'을 종지로 삼았습니다. 그러나 세상 사람들이 잘못된 견해를 여의고 허망한 생각을 일으키지 않아 허망한 생각이 없다면 '생각 없음(無念)'이라는 종지도 세울 일이 없습니다. (어디에도 매이지 않고 생각을 할 수 있게 된 것입니다. 역자 주)

그렇다면 없다(無)는 것은 무엇이 없다는 것이며, 매임 없이 생각한다(念)는 것은 어떻게 생각하며 어떤 것을 생각한다는 것입니까? 없다는 것은 차별로 말미암아 생긴 모든 번뇌가 없다는 것이요, 매임 없이 생각한다는 것은 모양을 보되 자성을 갖는다는 생각을 하지 않고 연기공성으로서의 진여의 본성을 생각한다는 것입니다. 진여는 생각의 바탕이며 생각은 진여의 작용입니다. 차별을 짓지 않는 자성에서 생각을 일으킨다면, 보고 듣고 느끼며 안다고 할지라도 갖가지 경계에 흔들려 물들지 않고 항상 스스로 존재하게 됩니다.

이는 『유마경』에서 "밖으로는 인식 대상으로 나타나는 모든 것을 잘 분별해 알면서도, 안으로는 '차별을 떠난 진여 공성의 자리(第一義)'에서 움직이지 않는다."라고 한 것과 같습니다.

善知識 法無頓漸 人有利鈍 迷(明)卽漸契(勸) 悟人 頓修 識自本[心] 是見本性 悟卽元無差別 不悟 卽長劫輪廻 善知識 我自法門 從上已來「頓漸」皆立無念爲(無)宗 無相爲(無)體 無住「無」爲本 何名(明)無(爲)相 無相者 於相而離相 無念者 於念而不念 無住者 爲人本性 念念不住 前念今(念)念後念 念念相續(讀) 無有斷絶 若一念斷絶 法身卽是離色身 念念時中 於一切法上無住 一念若住 念念卽住 名繫縛 於一切法上 念念不住 卽無縛也 [是]以無住 爲本 善知識 外離一切相 是無相 但能離相 性體淸淨「是」是以無相爲體 於一切境(鏡)上 不染 名爲無念 於自念上離境(鏡)「不」不於法上念生 莫百物不思 念盡除却 一念 斷 卽「無」別處受生 學道者 用心 莫不息法意 自錯 尙可 更勸他人 迷不自見「迷」又謗經法 是以立無念爲宗 卽緣迷(名)人 於境(鏡)上 有念 念上 便起邪(去耶)見 一切塵勞妄念 從此而生 然此敎門 立無念爲宗 世人 離見 不起於念 若無有念 無念 亦不立 無者 無何事 念者「念」何物 無者 離二相諸塵勞 [念者 念眞如本性] 眞如 是念之體 念是眞如之用 [自]性(姓)起念 雖卽見聞覺知(之) 不染萬境(鏡)而常自在 維摩經 云 外能善分別諸法相 內於第一義而不動

앎 그 자체가 깨달음

알아차리며 기억하고 생각하는 마음의 특성을 '주시(念)'라고 하는데, 주시는 마음 작용이 있을 때마다 항상 일어나고 있습니다. 때문에 육조 스님께서 종지로 삼은 '생각이 없다(無念)'는 것을 목석과 같이 아무런 생각이 없다는 뜻으로 이해해서는 안 됩니다. '허망한 기억'과 '보편적이며 동일한 언어 개념에 맞는 이미지'를 갖고 있으면서 그것만으로 생각하는 것을 그쳐야 한다는 뜻으로 이해해야 합니다. 모든 사물·사건과 그것을 알아차리는 마음의 특성이 본래부터 기억대로 존재하는 것도 아니고, 기억에 매여 있는 것도 아니며, 언어 표상으로 그것을 온전히 표현할 수도 없기 때문입니다.

머묾 없는 인연의 무상한 변화가 모든 사물·사건과 마음의 특성이기 때문에, 기억에 머물러 있다는 것은 기억을 잡고 있으면서 거기에 매여 있는 것이며, 기억이 되는 차별된 이미지에 집착하고 있는 것입니다. 이와 같은 삶은 지금 여기를 살고 있는 자신을 알지 못한 삶입니다. 온갖 인연을 한 순간에 담아 자신을 드러내면서 동시에 자신을 해체해 가는 전체로서의 삶을 알아차리지 못한 것이지요.

지금 여기의 삶이 나타내고 있는 앎은 알아가는 과정에 놓여 있는 앎이 아닙니다. 그렇기 때문에 알아가는 과정이 그 자체로 자신의 온 삶인 줄 모르고 알려지는 어떤 삶이 진정한 삶이라고 여긴다면, 만들어진 이미지에 매여 있는 것입니다. 알아가는 것에 의해서 알아야 할 삶이 만들어질 수 없으므로, 깨달음이 수행에 의해서 만들어지는 것도 아니며 깨달은 마음이 수행에 의해서 성숙된 것도 아닙니다.

깨달은 앎이 수행을 통해서 만들어지는 것이 아니라 앎 그 자체가 깨달음임을 보는 것이기에 단번에 깨침도 가능하고, 수행에 의해서 성숙되는 것이 아니기에 단번에 닦음도 가능합니다. 깨달은 앎은 이미지의 본성이 본래부터 허망한 줄 알며 만들어진 것인 줄 알아 상으로 드러난 이미지나 이를 드러내는 저장된 기억에 매이지 않으면서, 알아차려진 온갖 것들의 인연을 알고 인연 따라 무상하게 변해가는 특성을 바로 본 것입니다.

스스로의 마음을 보는 것이 부처님의 가르침을 아는 것

무상을 체득한 앎은 드러나는 모습마다 모든 인연을 다 담아 다른 모습으로 드러나면서 다른 모습 그대로가 법계의 하나 된 인연을 온전히 드러낸 줄 안 것이며, 차별 속에서 차별 없는 세계를 깨달은 것이니, 드러나는 인연마다 열반의 세계요 완성된 지혜임을 체득한 것입니다.

반야바라밀을 체득한 삶은 기억에만 매인 허망한 생각을 여의고 다름 속에서 차별을 떠난 지금 여기의 삶을 사는 것으로 돈교의 가르침을 실현한 삶입니다. 머묾 없이 무상한 인연을 그대로 사는 삶이며, 언제나 깨어 있는 삶이며, 탐심과 진심과 치심이 온전히 사라진 삶입니다. 이와 같은 삶은 우리가 만들어서 그렇게 되는 것이 아닙니다. 삶의 본래 모습이 그렇습니다.

따라서 삶의 본래 모습을 있는 그대로 알아차리는 자각이 깨달음이 됩니다. 자각한다는 데서 보면 깨달음이라는 사건이 일어났지만, 깨달음의 내용에서 보면 본래 모습 그대로를 자각한 것입니다. 그러므로 깨달음이 특정한 모습을 갖는 것이 아닙니다. 어느 것에도 집착하지 않고 인연의 흐름과 같이하는 마음입니다. 그래서 함께하는 이웃들과 막힘없이 통하여 흐르는 것을 도道라고 하였습니다.

그러므로 '생각 없음(無念)'과 '모양 없음(無相)'과 '머묾 없음(無住)'이 돈교법의 근본 가르침이 됩니다. '인연의 흐름에 수순하여 있는 그대로를 알아차리는 마음'이 '허망한 기억(妄念)과 만들어진 이미지'에 머물지 않는 마음이면서 깨달은 마음이 되기 때문입니다. 따라서 스스로의 마음을 보는 것이 부처님의 가르침을 아는 것이 됩니다. 이것이 남종선에서 마음을 의지해야할 경전(所依經典)으로 삼은 이유입니다.

3. 좌선 坐禪

선지식들이여, '마음을 소의경전으로 삼는 법문'에서 말하는 좌선은 마음에 집착하여 마음을 보려는 것도 아니고, 청정함에 집착하여 청정함을 추구하는 것도 아니며, 움직이지 않음에 집착하여 움직이지 않고 앉아 있는 것도 아닙니다.

좌선을 하는 수행자가 마음을 본다고 이야기한다면, 그것은 바른 것이 아닙니다. 왜냐하면 마음이 본래 허망한 것이기 때문입니다. 허망한 것은 환과 같은 것, 곧 덧없는 것이기 때문에 볼 수 있는 것이 아닙니다.

좌선 수행자가 청정함을 본다고 하는 것 또한 옳지 않습니다. 사람의 성품은 본래부터 청정하나 허망한 생각에 의해서 마음의 본래 모습인 진여가 덮여 있는 것과 같기 때문에 허망한 생각만 여의면 본성은 그 모습 그대로 청정합니다. 만일 자기 성품의 청정함을 보지 못하고서 생각을 일으켜 청정함을 보려고 하면, 도리어 청정함이라는 허망한 망상을 짓게 됩니다. 허망한 것은 있을 곳이 없습니다. 그러므로 '본다(看)'는 것이 도리어 허망한 줄 알아야 합니다.

청정함은 형상이 없는데도 불구하고 청정함이라는 이미지를 세워 청정함을 보는 것이 공부라고 말하는데, 그와 같은 생각을 하는 것은 스스로의 본성을 장애하는 것이며 청정하다는 이미지에 묶여 있는 것입니다.

좌선 수행자가 '움직이지 않는다는 것'을 좌선이라고 하는 것 또한 옳지 않습니다. 왜냐하면 모든 사람들의 허물을 보지 않는 것이 본성과 계합한 '움직이지 않는 것(不動)'이기 때문입니다. 그럼에도 불구하고 미혹한 사람은 움직이지 않는다고 하면서 입만 열면 다른 사람의 옳고 그름을 이야기하니 도에 어긋나는 짓입니다. 이처럼 마음을 보고 청정함을 본다는 것이 도리어 도의 인연에 장애됨을 잘 알아야 합니다.

이제 좌선과 선정에 대해서 이야기하겠습니다. 좌선坐禪에서 '앉음(坐)'이란 어디에도 걸림이 없어 밖으로 어떤 경계를 만나더라도 망념이 일어나지 않는 것이며, 선禪이란 안으로 본성을 보아 어지럽지 않는 것입니다.

선정禪定에서 선禪이란 밖으로 자성을 갖는 분별상을 짓지 않는 것이며, 정定이란 안으로 어지럽지 않은 것입니다. 그러므로 밖에 분별되는 모양이 있다고 하더라도 안으로 알아차리는 그 마음이 자성을 갖는 분별상을 짓지 않아 어지럽지 않다고 하면, 본래부터 청정하고 고요한 마음과 계합한 것이 됩니다. 그러나 본래부터 청정하고 고요한 마음과 계합하지 못한 상태에서 밖의 경계를 만나게 되면 곧바로 어지럽게 됩니다. 그러므로 차별상을 여의고 흔들리지 않는 것을 선정이라고 합니다.

밖으로 차별상을 여의는 것은 선禪이요, 안으로 흔들리지 않는 것은 정定입니다. 따라서 밖으로는 선禪하고 안으로는 정定하는 것을 선정이라고 합니다.

『유마경』에서는 "지금 여기에서 마음이 환하게 툭 트여 본래 마음을 도로 얻는다."라고 하였고, 『보살계경』에서는 "본바탕인 자성이 청정하다."라고 하였습니다.

선지식들이여, 자신의 성품이 그 자체로 청정함을 보십시오. 스스로 닦고 스스로 짓는 것이니 닦고 짓는 그 자체가 곧 자신의 성품인 법신法身이며, 스스로 행하는 것이니 행하는 그 자체가 곧 부처님의 행위이며, 스스로 짓고 스스로 이루는 것이니 짓고 이루는 그 자체가 곧 부처님의 도道입니다.

善知(諸)識 此法門中 坐(座)禪 元不著心 亦不著淨 亦不言[不]動 若言看心 心元是妄 妄如幻(幼)故 無所看也 若言看淨 人性(姓) 本淨 爲妄念故 蓋覆眞如 離妄念 本性(姓)淨 不見自性(姓)本淨 心起看淨 却生淨妄 妄無處所 故知看者「看」却是妄也 淨無形相 却立淨相 言是功夫 作此見者 障(章)自本性(姓) 却被淨縛 若不動者 [不]見一切人過患 是 性不動 迷人 自身 不動 開口卽說人是非 與道違背 看心看淨 却是障道因緣 今記汝 是此法門中 何名坐(座)禪 此法門中 一切無碍 外於一切境界上 念不起(去)爲坐 [內]見本性(姓)不亂 爲禪 何名爲禪定 外離(雜)相曰禪 內不亂曰定 外若有相 內性(姓)不亂 本自淨自定 只緣境觸 觸卽亂 離相不亂 卽定 外離相 卽禪 內「外」不亂 卽定 外禪內定 故名禪定 維摩經 云 卽時(是)豁然 還得本心 菩薩戒云 本源(須)自性(姓) 淸淨 善知識 見自性(姓)自淨 自修自作 自性(姓)法身 自行 佛行 自作自成 佛道

마음 또한 허망한 것

마음이 모든 것을 만든다고 하는 말이 있습니다. 이 말은 마음이 질료가 되어 모든 것을 만든다는 것이 아닙니다. 모든 것들은 우리들이 어떤 의미로 보고 받아들이고 있느냐에 따라서 그에 맞는 이름을 갖게 되며, 그 이름에 맞는 보편성과 용도를 마음이 만든다는 뜻입니다. 사물이나 사건이 그 자체로 이름을 갖게 되어 스스로 무엇이 되는 것이 아니라, 마음이 만든 보편상(相)에 의해서 만들어진 이름에 따라 사물·사건이 그렇게 인식된다는 것입니다.

그러므로 보편상이란 낱낱 사물·사건을 있는 그대로 표현하고 있다고 보기 어렵습니다. 왜냐하면 어떤 사물·사건이라도 두 찰나를 이어 같은 모습으로 존재하지 않고 변하기 때문입니다. 사물·사건이 이미 변해 전후가 그 자체의 동일성을 유지하고 있다고 볼 수 없으므로 본다는 것과 이름으로 파악되는 것은 다를 수밖에 없습니다. 이미 변하여 전과 후가 다른 것에 보편성(性)과 보편상(相)을 만들어 하나의 이름을 짓고 이름에 따라 실체로서의 차별을 갖게 하는 것이 마음이 만든 인식의 조건이며 인식의 내용입니다.

나아가 모든 것을 만들고 있는 마음조차 실상에서 보면 만들어진 것입니다. 눈의 마음이라고 할 수 있는 안식眼識도 눈과 형색이 만나지 않는다면 일어나지 않기 때문입니다. 눈의 마음(眼識)도 눈(眼)도 형색(色)도 어느 것 하나 그 자체로 실재할 수 없습니다. 그럼에도 불구하고 그것들을 마치 독립된 실재인 것처럼 파악하는 것이 마음이기에, 마음 또한 허망한 것입니다. 곧 마음이 무엇을 아는 것처럼 작용하고 있는 것과 같지만 실제로는 마음이 만든 이름이 갖는 보편성과 보편상을 마음이 보면서 그것을 무엇이라고 아는 것이므로, 안다는 것은 무엇을 아는 것이 아니라 마음을 아는 것이지만, 이렇게 알려지는 마음은 조작된 마음으로 허망한 마음일 수밖에 없다는 것입니다.

보편상을 만들고 그것의 동일성을 인식하는 이름을 갖게 되면서, 곧 마음(心)이 만든 이미지(相)를 갖게 되면서(想), 마음과 인식 대상이 서로에게 소외되고 맙니다. 이와 같이 서로에게 소외된 양상을 통한 분별이 마음이 안다는 것이며, 이름이 갖고 있는 실상입니다. 모든 것을 아는 것도 가능하지만 동시에 어느 것도 제대로 알지 못하는 이중성이 이름을 통해 아는 분별입니다. 이와 같은 앎은 아는 것 같지만 모르는 것과 같고 모르면서도 아는 것처럼 작용하고 있는 인식관계로 실상에서 소외된 앎입니다. 마음이 작용하고 있는 현재를 있는 그대로 자각한 경험이 없고, 이미 익혀진 사유 체계에 의해서 앎이 일어나고 사라지는 것을 반성적으로 살펴본 적이 없기 때문입니다. 마음이 마음 작용에서 소외되고, 소외된 앎은 만들어진 이미지를 통해 마음을 아는 듯하지만, 실상에서 멀어진 작용이므로 마음도 앎도 모두 허망할 수밖에 없습니다.

청정한 마음이야말로 부처님의 본래 모습

그래서 혜능 스님께서는 마음에도 집착하지 말고 청정함이나 움직이지 않음에도 집착하지 말라고 이야기하고 있습니다. 선禪이란 특정한 상태의 마음이나 청정성을 보는 것을 뜻하는 것이 아니라, 어디에도 매임 없는 자유로운 사유의 현재성을 있는 그대로 사는 것입니다. 때문에 좌선 수행을 한다는 것은 마음을 보는 것이 아니라 보이는 어떤 것에도 걸림 없는 '봄'이어야 하며, 청정을 보는 것이 아니라 어떤 대상에도 머묾 없는 마음을 쓰는 것입니다.

그러므로 마음을 본다는 것도 마음이라는 허망한 대상에 속하는 것이 되고, 오염된 상태와 비교해서 청정을 본다고 하는 것 또한 만들어진 대상에 속하는 것이 됩니다. 단지 인식 대상에만 속하는 것이 아니라 마음에도 속하는 것이 되니, 마음을 찾거나 청정함을 추구하면 허깨비를 실상이라고 여기는 것과 같습니다. 욕망하는 마음이 만들어 놓은 덫에 스스로 걸려든 것입니다.

따라서 마음을 본다는 생각을 일으키거나 청정함을 본다는 생각을 일으킨다면, 허망에 매여 있는 마음이 되므로, 보는 마음도 보이는 대상도 욕망이 만들어 놓은 분별상을 벗어날 수 없습니다. 공부를 한다는 것은 인연 따라 나타나는 모든 것을 그 모습 그대로 보고 듣는 것입니다. 마음 작용의 본바탕이 앎으로 드러나면서 모든 인연과 통하여 흐르고 있는 것이 도道의 본질이며 아는 마음이며 청정이기 때문입니다.

마음이 만든 것들의 속성을 잘 이해하고, 만들어진 상相들이 나타날 때 그것까지도 그대로 보면서 흘러가게 하면 있는 그대로를 보는 마음이 됩니다. 그렇게 되면 이름에 매인 욕망을 내려놓는 것이 되고, 욕망을 내려놓게 되면 무상한 흐름과 수순하는 지혜가 생겨납니다. 경계에도 집착하지 않고, 이름에도 매이지 않아, 마음이 흔들리지 않는 것이지요. 밖으로는 보편적이면서 동일한 이름을 갖는 인식 대상이 욕망하는 마음에 의해서 형성된 상相인 줄 알기에 대상에 얽매이지 않고, 안으로는 욕망하는 마음이 허상을 만들어 스스로를 들뜨게 하는 줄 알기에 욕망하는 마음을 내려놓게 된 것입니다. 욕망을 내려놓고 안팎으로 얽매이지 않는 것이 좌선이라는 것입니다.

　따라서 좌선은 마음을 보는 것이 아니라 보는 마음이 자유로운 상태며, 대상을 욕망에 따라 인식하는 것이 아니라 인연에 따라 무상하게 흐르는 것을 있는 그대로 이해하는 것입니다. 그러므로 무상한 흐름을 한 번 보고 이해한다면 그 즉시에 마음이 환하게 트여 어디에도 걸리지 않게 됩니다. 이것이 마음의 본래 모습이며 청정한 것이라고, 혜능 스님께서는 『유마경』과 『보살계경』을 인용하여 말씀하시면서, 좌선을 하는 이는 반드시 좌선에 대해 바르게 이해한 후에 선을 닦아야 한다고 강조하고 있습니다. 툭 트여 막힘없는 사유로 모든 인연과 통하여 흐르는 마음은 청정한 마음이며 법신의 본질이며 부처님의 지혜인데 이 또한 스스로 짓고 스스로 이루니, 청정한 마음이야말로 부처님의 가르침이며 부처님의 본래 모습입니다.

4. 세 가지 몸 三身

선지식들이여, 모두들 '모양 없는 계(無相戒)'를 받되 자신의 몸으로 체득하여야 합니다. 여기서 말하는 '모양 없는 계'를 받는다는 것은 삼신불에 귀의하는 것입니다. 온몸으로 삼신불에 귀의하고 무상계를 받는다면 제가 선지식들로 하여금 자신에게 있는 삼신불三身佛을 보게 할 수 있습니다. 모두들 저를 따라 세 번 외우십시오.

> 나의 몸에 있는 청정법신불에 귀의하며,
> 나의 몸에 있는 천백억화신불에 귀의하며,
> 나의 몸에 있는 당래의 원만보신불에 귀의합니다.
> (세 번 외움)

몸은 집과 같으므로 몸에 귀의한다고 말할 수 없습니다. 앞의 삼신은 자신의 법성에 있으므로 세상 사람 모두에게 있습니다. 다만 미혹하여 보지 못하고 밖으로 삼신불을 찾기 때문에 자기 몸 가운데 있는 '세 가지 성품의 부처님(三性佛)'이 삼신불임을 보지 못합니다.

선지식들이여, 잘 들으십시오. 그대들에게 삼신불에 대해서 잘 설명하여, 그대들로 하여금 자신의 몸에 있는 법성에 삼신불이 있음을 보게 하고, 삼신불이 자성으로부터 생긴 것임을 알게 하겠습니다.

첫 번째, 청정법신불이란 무엇입니까?
선지식들이여, 세상 사람들의 본성이 본래 그 자체로 청정하여 특정한 형상을 갖지 않으므로 모든 것이 자기의 성품에 있다고 할 수 있습니다. 그러므로 좋지 않는 일을 생각하면 곧 좋지 않은 일을 하게 되고, 좋은 일을 생각하면 곧바로 좋은 일을 하게 됩니다. 이것을 통해 모든 것이 자신의 성품에 있으며, 자성이 항상 청정함을 알 수 있습니다.

해와 달이 늘 밝지만 구름에 가리면 구름 위는 밝을지라도 아래는 어두워 해와 달과 별을 볼 수 없다가도, 지혜의 바람이 불면 구름이 흩어져 삼라만상이 일시에 다 드러나는 것과 같습니다. 사람들의 성품이 청정함도 맑은 하늘과 같으며 지혜는 해와 달과 같아 지혜가 항상 밝게 작용하고 있으나, 밖으로 경계에 집착하게 되면, 경계에 집착하는 허망한 기억(妄念)이 지혜를 가려 해와 달과 같은 자성自性이 밝게 작용할 수 없게 됩니다. 그러므로 눈

밝은 스승을 만나 참된 가르침을 듣고서, 미혹하고 허망한 마음을 떨쳐버리면, 안팎이 밝게 뚫려 자기의 성품 가운데서 모든 것이 다 나타남을 알게 됩니다. 이처럼 모든 것을 그 스스로 있게 하는 성품을 청정법신이라고 합니다. 때문에 스스로에게 귀의한다는 것은 좋지 않은 행동을 하지 않는 것을 뜻합니다.

두 번째, 천백억화신불이란 무엇입니까?
생각하지 아니하면 자성은 비어 고요하고, 생각하면 자성이 그 스스로 변화합니다. 좋지 않는 것을 생각하면 자성이 변화하여 지옥이 되고, 좋은 것을 생각하면 자성이 변화하여 천당이 되고, 독하고 해치는 마음을 가지면 축생이 되고, 자비로운 마음을 가지면 보살이 되고, 지혜로운 마음을 가지면 천상계(色界・無色界)가 되고, 어리석은 마음을 가지면 욕계欲界가 됩니다. 스스로의 성품이 변화하는 것이 이와 같이 많고 많은데 어리석은 사람은 스스로 알아보지 못할 뿐입니다.

한 생각이 착하면 바로 지혜로운 마음이 생겨나듯, 비어 고요한 마음 가운데 생각 따라 모든 것이 생겨나므로 자성화신自性化身이라고 합니다.

세 번째, 원만보신불이란 무엇입니까?
하나의 등불이 천 년의 어둠을 없앨 수 있고, 하나의 지혜가 만 년의 어리석음을 없앨 수 있으니, 지나가는 생각을 붙잡지 말고 일어나는 생각에 주의를 기울이십시오. 일어나는 생각에 주의를 기울여 일어나는 생각마다 선하게 되는 것을 보신報身이라 합니다. 한 생각 악하게 하면 그 과보가 천 년의 선함을 그치게 하고, 한 생각 선하게 하면 그 과보는 천 년의 악함을 없앱니다. 그러므로 시작이 없는 예부터 일어나는 생각이 선한 것을 보신이라고 합니다.

비어 고요한 법신으로부터 생각이 일어나는 것이 화신이고, 일어나는 생각마다 선한 것이 보신이며, 스스로 깨치고 닦는 것이 귀의입니다. 우리의 몸은 집과 같은 것으로 결코 귀의할 곳이 아닙니다. 다만 삼신불을 깨치기만 하면 대의를 알게 됩니다.

善知識 惣須自體 以(與)受無相戒 一時 逐惠能口道 令善知識 見自三身佛 於自色身 歸依(衣)淸淨法身佛 於自色身 歸依(衣)千百億化身佛 於自色身 歸依(衣)當來圓滿報身佛 已上三唱 色身 是舍宅 不可言歸 向者三身 在自法性 世人盡有 爲迷(名)不見 外覓三[身]如來 不見自色身中三性佛 善知識 聽 與(汝)善知識說 令善知識 於(衣)自色身 見自法性 有三身(世)佛 此三身佛 從性上生 何名淸淨[法]身佛 善知識 世人 性 本自淨 萬法 在自性(姓) 思量一切[惡]事 卽行於(衣)惡 思量一切善事 便修於善行 知如是一切法 盡在自性(姓) 自性(姓) 常淸淨 日月常明(名) 只爲雲覆蓋 上明(名)下暗 不能了見日月

星(西)辰 忽遇慧(惠)風 吹散 卷盡雲霧 萬像森(參)羅 一時皆現 世人 性淨 猶如淸天 惠如日 智如月 智惠常明(名) 於外著境(看敬) 妄念 浮雲 蓋覆 自性(姓) 不能明 故遇善知識 開眞法 吹却迷(名)妄 內外 明(名)徹 於自性(姓)中 萬法 皆見 一切法 自在性(姓) 名爲淸淨法身 自歸依(衣)者除不善行 是名歸依(衣) 何名爲千百億化身佛 不思量 性卽空寂 思量 卽是自化 思量惡法 化爲地獄 思量善法 化爲天堂 毒 害 化爲畜生 慈悲 化爲菩薩 智惠 化爲上界 愚癡 化爲下方 自性(姓) 變化甚多(名) 迷人 自不知見 一念善 知惠卽生 [此名自性化身] [何 名圓滿報身佛] 一燈 能除千年闇 一智能滅萬年愚 莫思向前 常思於 後 常後念善 名爲報身 一念惡報 却千年善止(心) 一念善報 却千年 惡滅 無始(常)已來 後念善 名爲報身 從法身思量 卽是化身 念念善 卽是報身 自悟自修 卽名歸依(衣)也 皮肉 是色身 是舍宅 不在歸依 (衣)也 但悟三身 卽識大意(億)

무상한 변화가 곧 마음이며 앎

『대승기신론』에서는 "마음이 모든 것을 생기게 하고 모든 것을 포섭하고 있다."라고 이야기하고 있는데, 이 마음은 마음 이외의 것과 상대하는 특정한 마음이 아닙니다. 연기법을 마음으로 바꿔 이야기하고 있습니다. 마음이라는 실체가 따로 있는 것이 아니라, 서로 의지하면서 존재하고 있는 모든 것들이 무상으로 변하면서 자신의 모습을 다르게 표현하고 있는 것이 마음이라는 것입니다. 무상한 변화가 곧 마음이며 앎이라는 뜻이지요. 무엇이 있어 아는 것이 아니라 앎이 곧 마음이며 인연이며 무상이라는 것입니다. 몸에 상대하는 마음도 아니요, 분별지어 생각하는 특성으로의 마음도 아니며, 기억된 인상으로 현재의 변화를 재구성하여 인식하고 사유하는 마음도 아닙니다.

이와 같이 모든 것을 생기게 하고 포섭하고 있는 마음은 인연으로 하나 된 온 세계 그 자체이면서도, 끊임없이 다른 얼굴로 온 세계를 드러내고 있는 무상한 인연입니다. 그러므로 인연이 된 하나하나의 마음은 찰나마다 다른 것을 이룬 마음이면서도 이루어진 마음에 머물지 않는 흐름이며, 인연 맺은 관계의 이웃들을 포섭하고 있으므로 서로 통하면서도 일어난 마음마다를 온전히 인연의 얼굴이 되게 합니다. 오직 한 모습이라는 것에서는 그 하나로 온 세계를 생겨나게 하는 것이지만, 포섭되어 있는 이웃을 보면 드러난 얼굴조차 자신의 얼굴이 아닙니다. 본래부터 제 얼굴이면서 제 얼굴일 수 없는 동일성과 다름을 함께 지니고 있는 것이지요. 동일성에서 보면 머무는 것 같아 제 표정을 낼 수 있고, 다름에서 보면 잠시도 머묾이 없기에 어떤 표정도 가질 수 없습니다. 가지면서도 갖지 않는 것이기에 모든 것을 생기게 할 수 있고, 모든 것을 포섭할 수 있습니다.

이 마음은 마음이라는 특성을 갖고 있으면서도 변하지 않는 실체를 갖지 않기에 알아차리는 작용마다 마음이 되고, 마음조차 허물어 무상을 드러냅니다. 관계 속에서 변하는 무상한 흐름이 '전후 찰나의 다름(시간 인식)'과 '이웃 항들의 다름(공간 인식)'을 기억하여 비교하면서 앎이라는 마음 작용이 이어지므로 마음이 항상 있는 듯하지만, 무상한 흐름 밖에 변하지 않는 실체를 갖는 마음은 없습니다. 전체 인연과 다름으로 나타나는 현상 모두가 무상한 흐름이면서 마음입니다. 곧 다른 현상마다 마음이 된다는 데서는 이웃 항들과 다른 것 같고, 다른 것에 머물지 않는다는 데서는 관계를 이루는 인연이 온통 마음이 됩니다. 자신을 허문 데서 보면 개념 지어 언어로 표현할 낱낱이 없는 것과 같아 언어 표현이 가능하지 않지만, 무상 속에서 마음의 상속을 보면 다른 것 그대로 하나의 실체를 갖는 것과 같아 언어 표현도 가능해집니다. "모든 것(一切法)이 마음이다."라는 말이 이 상황을 잘 나타내 주고 있습니다.

수행자가 돌아가 의지할 곳

법法이라는 개념은 언어 표상에 맞는 동일한 보편성이 있다는 것을 전제로 어느 것(法)을 지칭하고 있는데, 무상 속에서 다름을 분별하여 기억하는 마음의 상속이 있기 때문에 가능한 일입니다. 다른 모습들(一切法)이 그 모습 그대로 인정될 수 있는 근거가 있다는 뜻이면서도 그 모습들이 마음의 나타남이라는 데서는 어느 것도 제 특성만을 고집할 수 없다는 뜻입니다. 전 찰나의 법을 허물면서 후 찰나의 법이 되기에 기억과 동시에 기억을 떠난 법이 되어 법 스스로 법이라는 개념을 부정하면서 법이 될 수밖에 없습니다. 형상(相)으로 드러난 마음이지만 그 형상의 보편성(相)이 실재하지 않기 때문에 형상을 부정할 수밖에 없어 '모양 없음(無相)'이라고 하지만, 모양 없음이라는 보편상도 가질 수 없기 때문에 모양 없음도 부정되어야만 참으로 '모양 없음'이라고 말할 수 있다는 것입니다.

잠시도 머물지 않는 다른 모습들이 앎이라는 마음 작용이 되므로 인연의 다름이 마음을 만드는 것 같고, 앎이라는 마음 작용이 없다면 인연의 다름도 있을 수 없기에 모든 다름을 마음이 만드는 것 같습니다. 다르게 드러나는 형상이면서 그것이 아는 마음이 되고 아는 마음이기에 다르게 변할 수밖에 없는 형상이 되니, 형상과 마음은 같다고도 할 수 없고 다르다고도 할 수 없습니다. 형상이 마음이 된 듯하니 마음 떠난 형상도 없고, 마음이 형상이 된 듯하니 형상 떠난 마음도 없으므로, 형상도 모양이 없고 마음도 모양이 없습니다.

이와 같은 마음이 모든 것(法)들의 본래 모습입니다. 모습 안쪽에 본래 모습으로 무엇이 있기 때문에 형상 너머를 가리켜서 본래 모습이라고 하는 것이 아닙니다. 형상이면서 형상을 넘어서고 형상을 넘어서면서 형상으로 드러납니다. 그러므로 인식되는 모든 것(法)과 진리로서의 깨달음(法身)과 인연 따라 나타낸 형상(相, 化身), 그리고 그 형상을 만들어 가는 공덕의 힘(報身)이 마음 하나에 다 들어 있다고 합니다.

이 마음이 모습을 달리 하면서 삼신이 되는 듯하니 마음은 하나라고 할 수도 있고, 각기 다른 모습인 삼신이 그 자체로 마음의 모습이 되니 마음은 여럿이라고 할 수도 있습니다. 그러므로 도를 닦는 수행자는 마음 밖에서 도를 찾을 것이 아니라 마음에서 도를 찾아야 하며, 찾아야 할 마음이 찾는 마음 밖에 따로 없는 줄을 사무치게 알아야 합니다. 그러기 위해서 일어나고 사라지는 마음의 흐름을 여실히 알아차려 흐름의 본질이 무상이면서 그 자체가 반야의 지혜인 공성이 온전히 드러난 줄 알아야 합니다. 이것이 귀의한다는 뜻입니다. 수행자가 돌아가 의지할 곳은 마음 밖에 있는 부처님이나 부처님의 가르침이나 승가 공동체가 아니라 스스로의 마음이라는 것을 사무치게 알아야 한다는 것이지요. 그렇기 때문에 법신과 보신과 화신으로 나누어 말하면서도 삼신으로 나눌 수 있는 보편적이며 동일한 삼신상三身相이 없기 때문에 '모양이 없는 계(無相戒)'를 먼저 주고 있습니다.

허공과 같이 모양 없는 마음이 모든 모양을 하나도 빠짐없이 수용하면서 '모양 없음'조차 알게 합니다. 곧 모양 없는 마음이 모양 없는 데만 머물지 않고 공덕을 만들어 미래를 공덕으로 채우는 것(報身)이며, 모양 없는 곳에 가득 찬 공덕이 그때의 인연을 드러내 이웃을 이루어 가는 것(化身)입니다. 빔으로 충만한 마음이 인연의 총상(法身)이면서도, 빈 모습에도 머물지 않고 인연을 펼쳐내니(報身), 모습마다(化身) 인연의 총상이 됩니다.

어느 것이 더 근본이 아니며 어느 것이 더 깊지 않습니다. 근본이면서 그것이 현상을 떠나지 않고, 현상이면서 머물지 않는 인연이 근본의 깊이를 다 드러냅니다. '모양 없는 계'에 대한 게송은 모양 없는 것을 드러내는 것만이 아니라 모든 모양이 그 자체로 삼신임을 이야기하고 있습니다. 빈 마음 마음이 삼신이 되어 지혜로운 통찰로 어느 것 하나 거부하지 않고, 그 모습 그대로를 온전히 받아들여 껴안고 있는 것을 여실히 아는 마음이 무상계를 받는 마음입니다.

5. 네 가지 원 四願

삼신불에 귀의하기를 마쳤으므로 다음은 네 가지 큰 서원을 말하겠습니다. 선지식들이여, 네 가지 큰 서원에 대해 제가 먼저 외울 것이니 모두들 함께 따라 외우십시오.

> 한없는 중생을 다 제도하기를 서원합니다.
> 한없는 번뇌를 다 끊기를 서원합니다.
> 한없는 법문을 다 배우기를 서원합니다.
> 위없는 불도를 이루기를 서원합니다.
>
> (세 번 외움)

선지식들이여, '한없는 중생을 다 제도한다'고 하는 것은 제가 여러분들을 제도한다는 뜻이 아닙니다. 각자의 마음 가운데 있는 중생을 자신의 자성이 스스로 제도한다는 뜻입니다. 자성이 스스로 제도한다는 것은 무슨 뜻입니까? 우리 몸 가운데는 잘못된 견해(邪見)와 번뇌 그리고 어리석은 미망도 있지만, 본래부터 깨닫고 있는 성품도 있으므로, 바른 견해(正見)를 가지고서 제도한다는 것입니다. 바른 견해인 반야의 지혜를 깨달아 어리석은 미망을 없앴다고 하면 중생 스스로가 자기를 제도한 것입니다. 정견을 갖추었으므로 잘못된 견해가 일어나면 바른 견해로 제도하고, 미혹한 마음이 일어나면 깨달은 마음으로 제도하고, 어리석은 마음이 일어나면 지혜로써 제도하고, 악한 마음이 일어나면 선한 마음으로 제도하고, 번뇌가 일어나면 보리(깨닫는 마음)로써 제도합니다. 이와 같이 제도하는 것이 바른 제도입니다.

'한없는 번뇌를 다 끊는다'는 것은 마음에 있는 허망한 기억을 다 없앤다는 것이며, '한없는 법문을 다 배운다'는 것은 위없는 바른 법을 배운다는 것입니다. '위없는 불도를 이룬다'는 것은 항상 자신을 낮추는 마음으로 행동하면서 모든 사람들을 공경하고 미혹한 집착을 멀리 떠나, 보고 듣고 느껴 아는 모든 곳에서 지혜가 생겨 어리석은 망념을 없앤다는 것이니, 곧 불도를 온전히 깨닫고 수행하면서 세웠던 서원과 그로부터 형성된 힘을 실천하는 것입니다.

今旣自歸依三身佛已 與善知識 發四弘大願 善知識 一時 逐惠能道 衆生無邊誓願度 煩惱無邊誓願斷 法門無邊誓願學 無上佛道誓願成 三唱 善知識 衆生無邊誓願度 不是惠能 度善知識 心中衆生 各於自身 自性(姓)自度 何名自性(姓)自度 自色身中 邪見煩惱 愚癡迷(名)妄 自有本覺性 將正見度 旣悟正見 般若之智 除却愚癡迷妄 衆生 各

各自度 邪來(見) 正度 迷來 悟度 愚來智度 惡來善度 煩惱來菩提
(薩)度 如是度者 是名眞度 煩惱無邊誓願斷 自心 除虛妄 法門無邊
誓願學 學無上正法 無上佛道誓願成 常下心行 恭敬一切 遠離迷執
覺知生般若 除却迷妄 卽自悟佛道成 行誓願力

기억에 매인 번뇌를 떠나게 된 앎과 삶

일어나고 사라지는 마음 하나도 단지 그냥 지나가는 마음이 아닙니다. 살아온 모든 날들을 담아 지금의 자신을 나타내고 있으며, 스스로의 미래를 준비하는 마음입니다. 마음 하나마다 자신의 온 삶을 드러내고 있기 때문에 이 마음 밖에 다른 삶이 있을 수 없습니다. 한 번의 만족한 마음은 한 번의 만족한 마음 작용에 그치는 것이 아니며, 부족하게 여기는 마음 또한 그렇습니다. 만족한 그 마음이 자신의 온 삶을 만족스럽게 만들고 부족하다고 여기는 그 마음이 자신의 온 삶을 부족한 삶으로 만듭니다.

자신의 삶과 인생을 부족하게 여기는 것이 중생의 삶이며, 삶 그 자체를 온전한 삶으로 여기고 인연의 현재를 전체로 사는 삶이 부처의 삶입니다. 그러므로 중생의 삶이 한없이 많다고 해도 자신과 이웃을 부족하게 여기는 마음을 내려놓으면 중생의 삶이 곧 부처의 삶이 됩니다. 마음 하나 돌리면 중생이 부처가 되는 것이지요.

그렇다고 해도 마음이 본래부터 부처라는 것은 아닙니다. 마음이 곧 부처임을 자각하는 순간부터 마음이 부처가 됩니다. 부처 마음이 중생의 마음이 되는 것도 아니고, 깨닫는다고 해서 부처 마음이 새로 생겨나는 것도 아니지만, 마음이 온갖 인연을 다 받아들이고 받아들인 인연이 자신의 온 삶이 되는 것을 자각함으로써 중생 마음이 없어지고 부처 마음이 생겨난 것과 같다고 할 수는 있습니다.

부처의 마음이 된다는 것은 마음이 마음 자체를 자각한다고 할 수도 있고, 머묾 없이 변하는 특성이 앎이 되는 줄 아는 것이라고 할 수도 있습니다. 그렇지만 마음이 마음을 대상으로 인식한다는 것은 마음 그 자체를 아는 것이 아닙니다. 생겨나고 사라지는 현상이면서 동시에 마음이 된다는 점에서는 현상의 인연을 보는 것이 마음을 보는 것이라고 할 수 있으나, 현상 그 자체가 알아차리는 성질이 아니라는 점에서는 현상을 보는 것이 마음을 보는 것이라고 할 수 없다는 것입니다.

무상한 인연에 따라 현상이 생겨나기도 하고 없어지기도 하기에 무상 그 자체에 깨어 있는 마음이 부처의 마음입니다. 현상의 보편적인 동일성보다는 다름의 변화를 제대로 아는 마음입니다. 이 마음은 인연 밖에 따로 있으면서 인연의 현상을 아는 것이 아닙니다. 인연이 앎이 되고, 앎이 마음이라는 것을 자각하는 것입니다. 그러므로 마음이 마음을 본다고도 할 수 있고, 본 마음조차 무상한 인연이기 때문에 하나하나의 현상이 마음이라고도 할 수 있습니다.

'현상이면서 앎이며 앎이면서 현상인 것'을 자각한 앎은 기억조차 보편적이고 동일한 실재로서 여기지 않게 되어 과거와 미래까지도 깨달음이 되게 합니다. 어디에도 걸림 없는 자유로운 삶을 사는 것이며, 기억에 매이지 않는 앎입니다. 보편적이며 동일한 기억이 허망한 분별에 의해 만들어졌으며, 만들어진 기억이 현재를 허망한 분별로 얽매고 있는 것을 여실하게 알아, 기억에 매인 번뇌를 떠나게 된 앎과 삶입니다.

마음 하나 아는 것이 모든 것을 아는 것

허망한 기억이 한이 없기에 번뇌 또한 한이 없지만, 번뇌의 속성이 분별된 현상을 동일성으로 인식하는 자각하지 못한 마음 작용에 지나지 않기에, 마음 하나 살피면 번뇌 또한 없습니다. 번뇌를 만드는 습관이 깨달음의 습관이 된다는 점에서는 하나하나의 번뇌를 제거하는 것과 같고, 번뇌를 만드는 본질을 꿰뚫어 안다는 점에서는 자각한 마음에 의해 모든 번뇌를 한꺼번에 제거한 것과 같습니다. 번뇌의 본성이 자각하지 못한 마음 작용에 지나지 않음을 아는 것이 번뇌가 깨달음이 된 것이며, 갖가지로 다른 번뇌의 습관이 깨달음을 나타내는 습관이 된 것입니다.

번뇌와 깨달음이 하나의 작용 속에 함께 있는 것과 같아 깨달음이 일어나면 번뇌가 없어지는 것과 같고 번뇌가 작용하면 깨달음이 없는 것과 같으나, 마음 작용 하나하나는 그 자체로 삶과 앎의 인연을 전체로 드러내고 있으므로, 번뇌일 때는 번뇌만 있고 깨달을 때는 깨달음만 있습니다. 그러므로 앎의 속성을 바로 보고 이해한다면 번뇌가 곧 깨달음이 될 수밖에 없습니다.

번뇌를 불러일으키는 마음 작용이 일어나는 순간에도 온전히 깨어 있게 되면 번뇌를 아는 것이 아니라, 자각된 깨달음만 있다는 뜻입니다. 때문에 마음 하나 살펴 일어나고 사라지는 무상과 무상이 앎이 되는 인연을 온전히 자각한다면, 한없는 번뇌 또한 깨달음이 될 수밖에 없습니다.

그렇기에 일어나고 사라지는 마음 현상을 바로 보고 알아차리는 것이 지혜가 됩니다. 부처님(佛)의 지혜(慧)가 알아차리는 마음 작용 하나에 고스란히 드러나고 있는 것이지요. 드러나는 인식 대상을 그저(止) 바라보고(觀) 있으면, 대상에 의해 흔들리던 마음이 그쳐(止) 고요한 마음(定)이 되고, 고요한 마음에 의해 대상들의 본질이 머묾 없는 흐름으로 인연 따라 무상으로 변해가는 것을 알게 되어(慧), 알아차리는 마음은 단지 알아차린다는 하나의 마음 작용이 아니라 선정과 지혜를 이루어 '번뇌 없는 마음(心解脫)'과 '마음과 대상을 바로 아는 지혜(慧解脫)'를 이루게 됩니다.

따라서 고요한 마음, 곧 인식 대상에 의해 흔들리지 않는 마음은 깨달은(佛) 마음 작용(慧)이 되어, 한없는 부처님의 가르침을 배우고 있는 마음이면서 이미 배운 마음이 됩니다. 온갖 인연이 모여 자신의 마음처럼 있는 줄 알게 되므로, 자신과 이웃을 소중하게 여기며 함께 아름다운 삶을 열어가는 마음입니다. 그래서 스스로를 공경하고 이웃을 공경하는 마음이 부처님의 가르침을 다 배운 마음이며 부처님의 가르침을 실천하는 마음이 됩니다.

위없는 부처님의 가르침이 공경하는 마음 하나에 다 녹아 있습니다. 그러므로 함께 사는 인연들을 소중히 여기고 서로를 안아주면서, 만나는 인연 모두가 그 모습으로 가장 위대한 삶임을 한시도 놓치지 않고 알아차려야 합니다. 이렇듯 마음 하나 알아차리는 것이 네 가지 큰 서원을 다 이루는 바탕이 되며, 이 마음에 의해 모든 서원을 실천하는 힘이 생겨, 복덕과 지혜를 구족하게 됩니다. 더구나 알아차리는 마음의 힘은 새삼스럽게 생기는 것이 아니라 마음이 본래부터 갖추고 있는 힘이며 본래부터 깨닫고 있는 성품이므로, 알아차리는 마음에 대한 자각이 마음을 아는 것이면서 깨달음이 됩니다. 그러므로 마음 하나 아는 것이 모든 것을 아는 것이 됩니다.

6. 참회 懺悔

네 가지 큰 서원을 발원해 마쳤으므로 다음은 선지식들에게 '모양 없는 참회(無相懺悔)'를 주어 삼세의 허물과 장애를 없애도록 하겠습니다.

선지식들이여,
지나간 생각과 오는 생각 그리고 지금의 생각에서
생각마다 어리석음과 미혹에 물들지 않고,
옛날의 좋지 않은 행위를 한 번에 끊어
다시는 그와 같은 행위를 할 수 없도록
마음 그 자체에서 제거하는 것이 참회입니다.

지나간 생각과 오는 생각 그리고 지금의 생각에서
생각마다 어리석음에 물들지 않고,
옛날의 교만심을 제거하여
다시는 일어나지 않도록 하는 것이
'마음 그 자체에서 일어나는 참회(自性懺)'입니다.

지나간 생각과 오는 생각 그리고 지금의 생각에서

생각마다 질투심에 물들지 않고,

옛날의 질투심을 제거하여

다시는 질투가 일어나지 않도록

마음 그 자체(自性)에서 제거하는 것이 참회입니다.

(세 번 외움)

선지식들이여, 참회란 무슨 뜻입니까? 참懺이란 죽을 때까지 잘못을 저지르지 않는 것을 뜻하며, 회悔란 지난날의 잘못을 아는 것을 뜻합니다. 잘못된 일을 할 수 있는 경향성을 마음에서 완전히 버려야지, 부처님 앞에서 입으로만 참회한다고 말해서는 아무런 이익이 없습니다. 참회란 제가 지금 말씀드린 잘못된 일을 할 수 있는 경향성을 마음에서 완전히 제거하는 것을 뜻하기 때문입니다.

今旣發四弘誓願訖 與善知識 無相懺悔 [滅]三世罪障 大師言 善知識 前念後念及今念 念[念]不被愚迷染 從前惡行 一時[永斷] 自性(姓) 若除 卽是懺悔 前念後念今念 念念[不]被愚癡染 除却從前矯誑心 永斷名爲自性懺 前念後念及[今念] 念念不被疸妬(疸疾)染 除却從前疾妬(垢)心 自性 若除 卽是懺 已上三唱 善知識 何名懺悔 [懺]者 終身不作 悔者 知於前非 惡業 恒不離心 諸佛前 口說無益 我此法門中 永斷不作 名爲懺悔

'자신의 모습 그대로'가 삶의 진정한 이유

우리들의 인식이 '보편적이며 동일한 이미지'를 만든다는 것은 우리들의 인식이 무상한 변화를 있는 그대로 볼 수 없다는 뜻이며, 아울러 지금 여기를 온전히 산다고 말할 수 없다는 뜻입니다. '나(我相)'라는 보편 인식도 여기를 벗어날 수 없습니다. 그럼에도 불구하고 낱낱으로 분별된 모습이 그때의 인연을 다 드러내는 단 하나의 모습이기 때문에 그 모습의 인연을 잘 알아차려야 합니다. 다름이 다름이 되는 인연을 온전히 알아차려야 한다는 뜻입니다.

안다는 것은 다름을 아는 것이지만, 다름이 있으므로 안다는 사실이 발생된다고 말할 수 있습니다. 그러므로 앎이 발생하는 순간은 다름으로 존재하는 것이 생겨나는 순간이기도 합니다. 결국 '안다는 것'과 '다름으로 존재한다는 것'은 다른 사실이면서도 서로를 성립시키는 것이 됩니다. 따라서 '다름을 자각하는 것'과 '안다는 사실을 자각하는 것' 또한 '보편적이며 동일한 이미지'를 통하지 않으면 일어날 수 없습니다.

그런 뜻에서 아상我相은 자신을 바르게 보고 알게 된 앎의 결과는 아니지만, 만들어진 아상이 아상을 허물게 하는 자각의 밑거름이 되기도 합니다. 무상의 인연과 멀어진 만큼 스스로에 대해서 '나는 누구인가?'라는 물음이 어느 틈엔가 찾아오기 때문입니다. 어느 것으로도 규정지을 수 없는 자신을 보려는 의지가 만들어진 아상을 보게 하고 허물게 하면서 마침내는 자신을 보게 하는 것입니다.

다만 그 물음이 도중에 그쳐서는 안 됩니다. 어느 것으로 규정짓는 자신을 내려놓고 아무런 규정 없는 곳까지 가야 합니다. 어느 것으로도 자신을 세우지 않고 그저 있는 그 모습 그대로가 온전히 살아나 힘껏 자신을 안아 줄 수 있고, 아무런 치장 없는 자기가 더할 수 없이 평안한 삶으로 드러날 때까지 묻고 또 물어야 합니다. 그리하여 어느 것에도 매이지 않게 될 때, 치장되지 않는 자신의 모습 그대로가 삶의 진정한 이유가 됩니다. 꾸며 갖고 있던 삶에서는 맛볼 수 없는 기쁨과 행복을 맛보게 되는 순간입니다. 온전히 자신의 현재를 있는 그대로 껴안고 그 모습 그대로 기쁨이 되는 순간이면서, 삶에 투철히 깨어 있는 고요한 알아차림이 계속되는 순간들입니다.

치장하려는 의지에 매이지 않고 치장하려는 욕망의 허구를 보게 되어, 부질없는 욕망에 흔들리지 않고 고요한 마음으로 삶의 본질을 이해하는 지혜가 생겨나게 된 것입니다. 현재의 흐름에서 미혹에 물들지 않을 뿐만 아니라, 미혹에 의해 물든 기억의 허구까지도 알아차려 과거까지 청정하게 만들고, 청정한 과거는 미래까지도 청정하게 하므로, 흐름에 깨어 있는 마음이 과거 현재 미래의 잘못을 한꺼번에 없애 온전한 참회를 이루게 합니다.

알아차리는 마음이 일어나고 사라지는 마음의 진정한 모습을 보게 할 뿐만 아니라 머묾 없는 마음까지 알게 하며, 세워진 아상의 허구를 허물게 하여 미혹에 물든 근본을 없애기 때문입니다. 그러므로 아상이 허물어지는 데까지 이르러야 참회가 제대로 된 것입니다. 만일 참회한다고 하면서 과거의 허물로 자책하고 있다면, 자책의 대상으로서의 자아(我相)를 세우는 것과 같으며, 자책하는 것이 허물이 되어 생각 생각이 미혹에 물든 마음을 이어가는 것과 같게 됩니다. 이와 같은 참회는 참회한다고 하면서 도리어 참회로부터 멀어지고, 멀어진 만큼 아상이 더욱 견고해질 뿐입니다. 따라서 참회에 대한 바른 이해와 실천을 잘 알아 참회가 허물이 되지 않고 공덕이 되게 해야 하며, 사건·사물에 대한 바른 이해가 생겨나도록 해야 합니다. 그렇게 하면 참회가 지혜와 복덕을 구족한 부처님의 삶을 이루는 바탕이 될 것입니다.

7. 삼귀의 三歸依

무상참회를 설명하여 참회하기를 마쳤으므로, 이제 선지식들에게 '모양 없는 삼귀의계(無相三歸依戒)'를 주겠습니다.

> 선지식들이여,
> 깨달음을 이루어 지혜와 자비가 충만하신
> 부처님께 귀의하고,
> 바른 진리를 설명하여 욕망의 허구로부터 벗어나게 하는
> 부처님의 가르침에 귀의하며,
> 청정한 수행으로 수행 대중 가운데 존경받을 만한
> 스님들께 귀의하십시오.

지금부터는 부처님을 스승으로 삼고 수행 정진해야 합니다. 다시는 다른 분의 가르침을 따르거나 불교 이외의 가르침에 귀의하지 않아야 합니다. 바라건대 마음 그 자체에 이미 갖추어져 있는 불법승 삼보께서는 자비로써 이를 증명하시옵소서.

선지식들이여, 마음 그 자체에 갖추어져 있는 삼보, 곧 부처님과 같은 '밝게 알아차리는 마음(覺)'과 부처님의 가르침과 같은 '바르게 아는 마음(正)'과 스님과 같은 '맑게 수행하는 마음(淨)'에 귀의하기를 권합니다.

스스로의 마음이 '밝게 알아차리는 마음'에 귀의한다는 것은, 삿되고 미혹한 마음이 일어나지 않으며, 삶에 꼭 필요한 것만을 갖추고 그것으로 만족한 삶을 살면서, 재물과 이성에 대한 욕망을 떠나 지혜와 자비가 충만한 것(歸依佛兩足尊)을 뜻합니다.

스스로의 마음이 '바르게 아는 마음'에 귀의한다는 것은, 생각마다 삿된 바람이 없는 까닭에 애착이 없고, 애착 없는 마음으로 욕망의 허구로부터 벗어난 것(歸依法離欲尊)을 뜻합니다.

스스로의 마음이 '맑게 수행하는 마음에 귀의'한다는 것은, 모든 번뇌와 망념이 마음자리에 있을지라도, 마음자리 그 자체는 번뇌와 망념에 의해 물들지 않는 것이 대중 가운데서 존경받는다는 것(歸依僧衆中尊)과 같다는 뜻입니다.

범부는 이것을 알지 못하고 날이면 날마다 삼귀의계를 받는다고 하나, 만약 마음 밖의 부처님께 귀의한다고 하면 부처님은 어느 곳에 있으며, 부처님을 보지 못한다고 하면 귀의할 곳이 없을 것입니다. 귀의할 곳이 없으면서도 귀의한다고 하면 그 말은 허망한 말에 지나지 않습니다. 선지식들이여, 각자 잘 관찰하여 그릇되게 마음을 쓰지 마십시오.

경전의 가르침에서도 단지 스스로의 부처님께 귀의한다고 이야기하고 있을 뿐, 다른 부처님께 귀의한다고 말하지 않습니다. 마음 그 자리에 귀의하지 않는다면 귀의할 곳이 없습니다.

今旣懺悔已 與善知識 授(受)無相三歸依戒 大師言 善知(智)識 歸依(衣)覺兩足尊 歸依(衣)正離欲[尊] 歸依(衣)淨衆中尊 從今已後 稱佛爲師 更不歸依(衣)餘邪迷(名)外道 願自[性]三寶 慈悲證(燈)明(名) 善知識 惠能 勸「善」善知識 歸依(衣)[自性]三寶 佛者 覺也 法者 正也 僧者 淨也 自心 歸依覺 邪迷(名)不生 少欲知足 離財離色 名兩足尊 自心 歸正 念念無邪故 卽無愛著 以無愛著 名離欲尊 自心 歸淨 一切塵勞妄念 雖在自性(姓) 自性(姓) 不染著 名衆中尊 凡夫 [不]解 從日至日 受三歸依(衣)戒 若言歸佛 佛在何處 若不見佛 卽無所歸 旣無所歸 言却是妄 善知識 各自觀察 莫錯用意 經中 只卽言自歸依佛 不言歸他佛 自性(姓) 不歸 無所歸處

자신의 욕망이 인식을 재구성하는 바탕

마음이 보편적이고 동일한 이미지를 만들어 사건·사물을 기억하고, 기억한 이미지를 통해 사건·사물을 재현하여 인식하는 인식 패턴에 대해서 깊이 있게 살펴보고 자각한 경험이 없다면, 사물·사건을 바르게 알 수 없을 것입니다. 이와 같은 인식 패턴은 사물·사건을 바르게 인식하는 것이 아니라 자기의 기억을 인식하는 것이기 때문에 '자기 인식'일 수밖에 없으며, 있는 그대로의 현재에 기억된 과거의 영상을 덧씌우고 있는 것과 같고, 본래의 모습이 감추어진 것과 같은 인식이기 때문에 '오염된 인식'일 수밖에 없습니다. 생겨나고 없어지는 현재의 인식을 과거의 기억 패턴으로 물들이고 있는 것과 같다는 뜻입니다.

보편적이고 동일한 인식 내용을 만든다고 하는 것은 현재의 사건·사물들을 이해하는 근거가 되면서도, 동시에 자신의 사고 속에 갇혀 있는 것과 같습니다. 그 이유는 경험하는 사건·사물을 '자신의 인식 경향성에 맞게 분별하려는 의지'와 '기억하며 갖고 있고자 하는 욕망'에 맞추어 인식하기 때문이며, 단순히 기억을 재구성하여 인식하는 것만이 아니라 자신의 욕망이 인식을 재구성하는 바탕이 되기 때문입니다.

그래서 우리들이 사는 세계를 욕계欲界라고 합니다. 사건·사물에 스며 있는 욕망이 사건·사물의 실체가 되는 세계라는 것입니다. 때문에 욕계의 욕망만을 따른 인식에는 청정하고 바른 자각이 없습니다. 청정하고 바른 자각을 한다는 것은 보편적이고 동일한 이미지를 만들어 기억으로 갖고 있지만, 그것이 만들어진 것인 줄 알아 기억된 이미지에 의해 마음이 흔들려 사건·사물을 바르게 자각하지 못하는 일이 발생하지 않는 것입니다. 마음 마음마다 분별하되 분별에 매이지 않고, 분별된 것들이 이웃 항들과의 인연에 의해서 그렇게 분별된 것으로 있는 줄 알며, 분별하고 있는 마음조차 인연들의 관계가 만들어내고 있는 변화와 어울려 분별하는 마음이 된 줄 아는 것이지요.

그러므로 육조 스님께서는 어떠한 형상이나 이미지에 매이지도 않고 머물지도 않으며, 매일 수도 없고 머물 수도 없는, 모양 없는 마음자리의 특성인 '자각하는 마음(佛)'과 '연기 실상의 바른 모습(法)'과 '오염되지 않는 청정성(僧)'이야말로 밖을 향해 떠돌던 마음이 돌아와 의지할 곳이라 하였습니다. 따라서 형상 이미지에도 머물지 않는 마음을 자각하고 바르게 연기 실상을 알아, 욕망으로 오염되지 않는 삶을 산다면 모양 없는 삼보에 귀의했다고 할 수 있습니다.

마음 하나에 귀의하는 것이 바로 삼보에 귀의하는 것

삼보에 귀의하는 다짐을 하면서 사건·사물의 실상을 알아차리고 알아차리는 마음의 실상까지도 자각하여야, 욕계에서의 사건·

사물의 실체가 되었던 재물과 이성에 대한 욕망의 허물을 떠날 수 있으며, 나아가 기억하여 갖고 있는 이미지의 허구를 완전히 알아차려야 삼계를 벗어날 수 있다는 것입니다. 이것이 지혜와 자비를 구족한 스스로의 마음에 귀의하는 것이면서 부처님께 귀의하는 것(歸依佛兩足尊)이 됩니다. 왜냐하면 마음의 실상은 모든 것과 어울려 있으면서도 어느 것에도 머물지 않으므로 무상한 인연의 변화를 알아차릴 수 있고, 이미지를 만들면서 동시에 이미지를 해체할 수 있어 '있음(有)'을 추구하거나 '없음(無)'을 바라는 욕망을 떠나 있어 어느 것에도 집착하지 않기 때문입니다. 따라서 마음의 실상과 계합하여 욕망과 분별의 이미지를 떠난 것이 바른 마음이며 불법佛法의 내용이 됩니다. 이와 같은 마음의 실상에 귀의하는 것이 부처님의 가르침에 귀의하는 것(歸依法離欲尊)이 됩니다.

보편적이고 동일한 이미지를 만들어 기억하는 자각 없는 마음에 의해서 어디에도 머묾 없는 마음이 가려져 있고 오염되어 있는 것 같으나, 마음의 실상을 자각한다면 오염된 것이든 오염되지 않은 것이든 그 모두를 거두어 껴안을 수 있는 빈 마음의 청정성이 생명의 연대를 이루는 본질이라는 것을 알게 됩니다. 그러므로 청정한 마음에 귀의하는 것이 승가공동체에 귀의하는 것(歸依僧衆中尊)이 됩니다.

따라서 마음 하나에 귀의하는 것이 단지 마음 하나에 귀의하는 것이 아니라 삼보에 귀의하는 것이 되며, 마음이 펼쳐내는 삼보에 귀의하는 것이야말로 생명의 연대를 실현하는 것이 됩니다. 그러므로 마음 밖에서 부처를 찾는다면 찾는 마음조차 돌아갈 곳이 없지만, 찾는 마음을 오롯하게 자각하여 찾으려는 욕망을 내려놓으면, 찾으려는 욕망에 의해서 가려져 있는 청정한 마음이 언제나 무상한 인연을 자각하는 마음으로 있으면서, 연대된 생명들을 하나 된 인연으로 통하게 하고 있음을 볼 것입니다.

8. 성품이 빔 性空

스스로 삼보에 귀의해 마쳤으니 모두 다 가장 진실한 마음일 것이므로, 선지식들께 마하반야바라밀법을 설명하겠습니다. 선지식들께서 마하반야바라밀을 외우고 있겠지만 그 뜻을 잘 알지 못할 것입니다. 제가 이제 설명하겠으니 모두들 귀 기울여 들으십시오.

'마하반야바라밀'이란 인도의 옛말인데 해석하면 '큰 지혜로 열반의 저 언덕에 도달한다'라는 뜻입니다. 마하반야바라밀에 대한 가르침은 입으로 외우기만 해서는 안 되고 반드시 실천해야 합니다. 외우기만 하고 실천하지 않는다면 마하반야바라밀법이라도 덧없는 것에 지나지 않지만, 실천 수행하는 사람에게는 이 법이 법신이나 부처님과 같습니다.

'마하'란 '크다'는 뜻입니다. 마음의 크기가 허공과 같이 광대하다는 것입니다. 그렇지만 마음자리가 허공이라는 뜻이 아니니, 마음을 허공처럼 하고 앉아 있지는 마십시오. 만일 그와 같이 앉아 있다면 마음이 생동감을 잃게 됩니다. 생동감을 잃은 마음, 곧 분명한 알아차림이 없는 상태인 무기공無記空에 떨어져서는 안 됩니다.

허공이 해와 달과 별, 대지와 산하와 모든 초목, 악인과 선인, 악법과 선법, 천당과 지옥을 다 품고 있듯, 사람들의 광대한 마음 또한 그와 같습니다.

이와 같이 마음자리가 모든 것을 품고 있는 것을 '크다(大)'고 합니다. 그러므로 모든 것들 또한 그 자체로 마음자리가 됩니다. 마음의 알아차리는 특성은 사람과 사람 아닌 것, 악함과 선함 그리고 악법과 선법 그 모두를 가리거나 버리지 않고 품어 안습니다. 그러면서도 그 어느 것에도 물들지 않고 집착하지도 않습니다. 허공이 모든 것을 다 껴안는 것과 같습니다. 그래서 마음을 크다고 합니다. 이렇듯 모든 것을 버리지 않고 품어 안지만 어느 것에도 집착하지 않는 마음이 마하를 실천하는 것입니다.

미혹한 사람은 입으로만 외우고 지혜로운 사람은 마음으로 실천합니다. 어떤 사람은 마음을 허공같이 비우고 생각하지 않는 것을 크다고 여기나, 이 또한 미혹한 사람의 마음 씀으로 옳지 않습니다. 마음이 아무리 광대하다고 할지라도 실천하지 않는다면 작은 것에 지나지 않으니, 쓸데없이 입으로만 말하지 말고 실천해야 합니다. 허공 같은 마음 씀을 실천하지 않는다면 저의 제자가 아닙니다.

今旣自歸依(衣)三寶 惣各各至心 與善知識 說摩訶般若波羅蜜法 善知識 雖念 不解 惠能與說 各各聽 摩訶般若波羅蜜者 西國梵語 唐言 大智惠彼岸到 此法 須行 不在口[念] 口念不行 如[幻]如化 修行者 法身 與佛 等也 何名摩訶 摩訶者 是大 心量 廣大 猶如虛空 莫空(定)心坐(座) 卽落無記(旣)空 [虛空] 能含日月星辰 大地山河(何) 一切草木 惡人善人 惡法善法 天堂地獄 盡在空中 世人性空 亦復如是 性含萬法 是大 萬法 盡是自性(姓) 見一切人及非人 惡之(知)與善 惡法善法 盡皆不捨 不可染著 猶(由)如虛空 名之爲大 此是摩訶行 迷人 口念 智者 心[行] 又有迷(名)人 空心不思 名之爲大 此亦不是 心量 [廣]大 不行 是小(少) 莫口空說 不修此行 非我弟子

어디에도 머물지 않는 마음

마음공부를 한다는 것은 습관화되어 있는 인식 패턴을 잘 들여다보면서 일어나고 사라지는 마음 작용을 그대로 흐르도록 하는 것입니다. 이것이 사람의 마음을 마구 휘둘러대는 이익과 손해, 칭찬과 비난, 명예와 불명예, 즐거움과 괴로움 등의 여덟 가지 바람(八風)에 휘둘리지 않고 일어난 마음의 모습을 그대로 보면서(禪定) 일어난 마음의 특성을 알아차리는 것(智慧)입니다.

일어나고 사라지는 마음에다 이미 형성된 칭찬과 비난 같은 개념지를 덧붙여 판단하지 않고 고요히 지켜보는 것입니다. 판단하지 않는 데서 보면 마음을 쉬는 것과 같고, 마음의 흐름을 이해하는 데서 보면 새로운 판단이 일어나는 것과 같습니다. 쉰 마음은 어디에도 머물지 않는 것과 같으며, 어디에도 머물지 않는 마음은 무상과 무아에 대한 이해를 돈독하게 합니다. 인연을 분별하여 갖고 있는 허망한 기억(妄念)에 흔들리지 않으면서 일어나고 사라지는 마음 하나하나를 온전히 알아차리는 것(正念)입니다.

온갖 분별과 생사가 있는 가운데서도 아무런 분별과 생사가 없는 것과 같은 알아차림에 의해서, 번뇌가 지혜가 되며 생사가 열반이 됩니다. 번뇌를 바꿔 지혜가 되게 하거나 생사를 떠나 열반을 구하려는 마음을 쉰 것입니다. 마음을 쉬는 것이 번뇌를 지혜로 바꾼 것이 되고 생사를 열반으로 바꾼 것이 됩니다. 그러면서도 마음 쉼이라는 특정한 상태를 형성하여 그것에 머물러 있지도 않으니, 마음 쉼이야말로 모든 마음 현상을 지혜가 되게 하고 열반이 되게 하는 작용을 잠시도 멈추지 않는 것과 같아, 마음 쉼이라고 말할 수도 없습니다.

그렇다고 쉰 마음과 흔들리는 마음이 따로 있는 것이 아닙니다. 마음의 본질을 자각한 마음과 자각하지 못한 마음이 있는 것과 같을 뿐입니다. 마음의 본성은 무상한 변화를 있는 그대로 알아차리기 때문에 앎의 내용을 잠시도 갖고 있을 수 없지만, 무상한 변화에 따라 다르게 나타나는 사건·사물을 분별하고 분별된 것을 앎의 내용으로 갖고 있기 때문에 인식이 일어날 수 있어, 머물지 않으면서도 머물러 있는 것과 같습니다. 인식의 성립에서 보면 머물지 않는 무상한 변화가 분별할 수 있는 다름을 만들면서 인식을 성립시키므로, 머물러 있는 것이 머물지 않음을 바탕으로 한 것과 같다는 것입니다.

그러므로 마음을 자각한다는 것은 머물면서 머물지 않으며, 머물지 않으면서 머물고 있는 것을 있는 그대로 보고 아는 것입니다. 보고 아는 것에서 다름이 드러나고, 다름이 관계 속에서 다름으로 있다는 것을 알아, 다름만으로 존재하는 다름이 없다는 것을 이해하게 되면, 일어나고 사라지는 마음마다 지혜의 작용이 아닌 것이 없습니다.

지혜로 작용하는 마음은 어떤 현상일지라도 포섭하지 않음이 없고 생기게 하지 않음이 없어 '밖(外)이 없는 광대한 것'과 같으나, 포섭되고 생겨난 현상 어느 것에도 머물지 않으니 '안(內)이 없는 작은 것'이 됩니다. 안이 없을 정도로 작은 것에서 밖이 없을 정도로 큰 것에 이르기까지 마음 아닌 것이 없다는 것입니다. 그래서 마음을 '크다(大, 摩訶)'고 합니다. 또한 일어나고 사라지는 마음마다 그때의 인연을 온전히 담아내 일어나고 사라지는 모습으로 드러나고 있으므로 모든 인연을 다 알고 있는 것과 같아 '큰 지혜(摩訶般若)'라고도 합니다.

법계의 인연이 마음이 되고

큰 지혜로 알아차리고 있는 마음은 일어나고 사라지는 모든 마음 현상을 번뇌 없는 마음으로 만들어 생사를 떠나게 합니다. 큰 지혜로 열반의 언덕에 이르렀다고 할 수도 있으며, 큰 지혜가 곧 열반이라고 할 수도 있습니다. 알아차리는 마음 작용 하나가 단지 알아차리려는 의지만을 담고 있는 것이 아니라, 일어나고 사라지는 모든 마음을 지혜로 만들었다고 할 수 있다는 것이지요. 그래서 '바라밀다'란 뜻을 열반의 언덕에 도달했다고 해석하기도 하고, 궁극의 지혜가 완성됐다고 해석하기도 합니다. 어느 쪽이든 번뇌가 지혜가 되고 생사가 열반이 되는 알아차림입니다.

바른 알아차림(正念)은 기억에 매이지 않게 할 뿐만 아니라 기억의 본질도 알게 합니다. 본질을 알게 된 정념은 기억들을 허망한 기억으로 남게 하는 것이 아니라 오롯이 지금 여기를 살 수 있는 바른 분별이 되게 합니다. 마음 하나 살펴 아는 것이 모든 마음을 지혜로 만드는 것과 같고 삶을 열반으로 이끄는 것과 같습니다. 마음 쉼을 통해 일어나고 사라지는 모든 것을 기억하고 알아차리면서, 마음 쉼이라는 특정한 상태에도 머물지 않고, 기억에도 머물지 않는 작용이 큰 지혜를 완성한 수행자의 마음이며 실천입니다.

큰 지혜를 이룬 수행자의 마음은 머묾 없는 마음이 습관이 되어, 모든 인식 패턴을 지혜로 만듭니다. 이 마음이 모든 것을 포섭하며, 모든 것을 생기게 합니다. 곧 법계의 인연이 마음이 되고 알아차리는 마음마다 법계가 된다는 것입니다. 따라서 마하반야바라밀을 실천하고 있는 수행자의 마음은 법신과 같고 부처님과 같습니다. 법계가 된 마음이며 마음이 된 법계이기에 크고 작음의 비교를 떠난 '큼'이 됩니다. 이 마음이 '마하(大)'입니다. 일어나고 사라지는 낱낱을 잘 알아차려 무상한 흐름을 온전히 이해한 마음입니다. 지혜가 완성된 마음이며, 열반의 언덕에 도달한 마음입니다. 그러므로 수행자는 마하반야바라밀을 생각 생각에 잊지 않고 실천해야 합니다.

9. 반야 般若

'반야'란 지혜입니다. 언제 어느 곳에 있거나 어리석지 않는 생각으로 항상 지혜로운 판단을 하는 것이 반야를 실천하는 것입니다. 한 생각이라도 어리석은 마음이 일어나면 그 즉시 반야는 사라지고, 한 생각이라도 지혜로운 판단을 하게 되면 그 즉시 반야가 생겨납니다. 마음 씀씀이가 항상 어리석으면서 수행을 한다고 말하는 것은 옳지 않습니다. 반야는 형상이 없습니다. 지혜로운 판단이 반야입니다. 있는 것을 있는 그대로 알아차리면서 형상을 형상이게 하는 것입니다.

'바라밀'이란 인도의 옛말 가운데 하나인 범어로서 '열반의 언덕에 이른다'라는 말인데, 그 뜻을 풀어보면 생멸을 떠난다는 것입니다. 경계에 집착하여 생멸하는 마음이 일어나는 것은 마치 바다에서 파도가 일어나는 것과 같은데, 생사윤회하는 이곳이 바로 그러합니다.

경계에 집착하는 마음을 그치면 생멸하는 마음도 없어집니다. 집착을 떠난 지혜로운 마음은 길이길이 흐르는 물과 같습니다. 이 마음으로 생멸 없는 열반의 저 언덕에 이르므로 바라밀이라고 합니다.

어리석은 사람은 입으로만 외우지만 지혜로운 사람은 마음으로 실천합니다. 입으로 외우고 있을 때에 망상이 있다면 그 마음은 '진실한 마음'이 아닙니다. 생각마다 실천을 동반한 마음이 '진실한 마음'입니다.

법을 깨닫는다는 것은 반야법을 깨닫는다는 것이며, 반야의 실천을 닦는다는 것입니다. 이 법을 닦지 않는다면 범부요, 한 생각으로 닦고 실천한다면 법신과 같고 부처님과 같습니다.

선지식들이여, 번뇌를 알아차리면 번뇌 그대로가 보리(깨닫는 마음)가 됩니다. 왜냐하면 지나가는 생각을 붙잡고 있으면서 현재에 미혹하는 것이 범부이고, 일어나는 생각에 분명하게 깨어 있는 것이 부처님이기 때문입니다.

선지식들이여, 마하반야바라밀은 가장 귀하고 으뜸가는 가르침입니다. 가르침의 내용인 '머묾도 없고(無住) 오고 감도 없다(無去無來)는 것'을 깨닫는 데서 삼세의 모든 부처님도 부처님이 되셨습니다. 마하반야바라밀법은 부처님이 되게 하는 가르침으로 몸과 마음에 있는 모든 번뇌를 없애 열반의 저 언덕에 이르게 하니 가장 귀하고 으뜸가는 가르침입니다.

때문에 수행자가 으뜸가는 가르침을 찬탄하고 그 가르침을 닦고 실천한다면, 반드시 부처님이 되어, 머묾도 없고 오고 감도 없을 것입니다. 이는 선정과 지혜를 함께 닦아 어떤 것에도 물들지 않는 삶입니다. 삼세의 모든 부처님들께서도 생사윤회하는 생멸의 세계에서 선정과 지혜를 함께 닦아 욕심내고 성내는 어리석은 마음을 바꿔 계율과 선정과 지혜가 되게 하여 깨달음을 이루셨습니다.

선지식들이여, 저의 법문은 팔만 사천 가지 지혜를 따르고 있습니다. 세상에 팔만 사천 가지 번뇌가 있기 때문입니다. 번뇌가 없다면 반야가 마음자리를 떠나지 않고 항상 작용할 것입니다. 반야바라밀법을 깨닫는다는 것은 망념이 없다는 것입니다. 망념이 없으므로 기억에 사로잡히지도 않고 집착도 없어 거짓되고 허망한 마음을 쓰지 않습니다. 이 마음이 스스로의 본래 모습이면서 있는 그대로의 성품입니다. 지혜로운 판단으로 모든 것을 꿰뚫어 보아 취하지도 않고 버리지도 않는 마음 씀이 마음자리를 본 것이며 불도를 이룬 것입니다.

何名般若 般若 是智惠 一[切]時中 念念不愚 常行智惠 卽名般若行 一念愚 卽般若絶 一念智 卽般若生 心中常愚 [自言]我修 般若 無形相 智惠性 卽是 何名波羅蜜 此是西國梵音 言彼岸到 解義 離生滅 著境(竟) 生滅起(去) 如水有波浪 卽是於此岸 離境 無生滅 如水承長流 故卽名到彼岸 故名波羅蜜 迷人 口念 智者 心行 當念時有妄有妄 卽非眞有 念念若行 是名眞有 悟此法者 悟般若法 修般若行 不修卽凡 一念修行 法身 等佛 善知識 卽煩惱是菩提 捉前念 迷卽凡 後念 悟卽佛 善知識 摩訶般若波羅蜜 最尊最上第一 無住無去無來 三世諸佛 從中出 將大智(知)惠到彼岸 打破五陰煩惱塵勞 最尊最上第一 讚最上 最上乘法 修行 定成佛 無去無住無來往 是 定惠等 不染一切法 三世諸佛 從中變三毒 爲戒定惠 善知識 我此法門 從八萬四千智惠 何以故 爲世有八萬四千塵勞 若無塵勞 般若常在 不離自性(姓) 悟此法者 卽是無念 無憶(億)無著 莫起(去)誑妄 卽自是眞如性(姓) 用智(知)惠觀照 於一切法 不取不捨 卽見性(姓)成佛道

의지를 저버리는 무상을 넘어서

즐겁고 기쁜 일들은 늘 곁에 머물러 있기를 바라고, 슬프고 힘든 기억들은 다시 떠오르지 않기를 바라지만, 일어나고 사라지는 일들은 우리들의 의지대로 되지 않는 것 같습니다. 즐거운 일들이 있기에 슬픔도 견딜 수 있고, 슬픈 일도 사라지기에 기쁨을 기다릴 수 있겠지요. 그러나 바라는 의지에서 본다면 의지대로 되지 않는 것이 되는 것보다 더 많고, 의지하고 욕망하던 대로 됐다고 해도 그 이룸이 어느새 사라져버려 다시 욕망을 만족시키지 못하니, 일어나고 사라지는 일들을 잡으려고 하거나 버리고자 하는 욕망은 자신의 삶을 만족하지 못하게 하는 바탕이 될 뿐입니다. 삶의 경험에서 보면 잡을 수도 없고 버릴 수도 없는 것이 분명한데도 불구하고, 일어나고 사라지는 현상에서 즐겁고 기쁜 일을 찾으려고 하니, 즐겁고 기쁜 일을 찾는 것이야말로 삶을 힘들게 만드는 근본임을 사무치게 알아야 하지 않을까 싶습니다.

 물론 기쁘고 즐거운 일을 찾는 것이 잘못된 의지라고 말하기는 어렵지만, 모든 일들이 의지와 상관없이 무상하게 변하기 때문에 잡을 수 없는 것을 잡으려 하거나 버릴 수 없는 것을 버리려 하는 의지를 내려놓지 않으면, 의지를 저버리는 무상을 넘어서 기쁘고 즐거운 삶을 살기 어렵다는 것이지요. 그러므로 머물러 있거나 사라지기를 바랄 것이 아니라 사라지면 사라지는 대로 일어나면 일어나는 대로 보려고 해야 합니다.

 일어나면 일어나는 대로 보고 사라지면 사라지는 대로 보는 것이 있는 그대로를 보는 것이며, 지혜롭게 보는 것입니다. 지혜란 번뇌를 만들지 않는 앎이며 궁극적으로 열반을 성취하게 하는 알아차림입니다. 일어나고 사라지는 사건·사물의 특성을 있는 그대로 이해하여 일어난 것에 대해서는 일어나지 않기를 바라는 마음을 내려놓고, 사라지는 것에 대해서는 사라지지 않기를 바라는 마음을 내려놓는 것입니다.

　그렇지만 일어나고 사라지는 것의 인연을 있는 그대로 읽은 기억이 별로 없기 때문에 내려놓는 일이 익숙하지 않습니다. 그러므로 내려놓는 것을 의도적으로 익혀야 합니다. 내려놓지 않는다고 하면 스스로의 삶을 힘들게 할 뿐임을 사무치게 자각하여, 무상의 속성과 어긋나는 의도를 하지 않아야 합니다. 이것이 지혜로운 일이며 내려놓는 일입니다.

　무상하기 때문에 무상과 어긋나는 기억의 이미지는 지혜롭지 못한 판단의 근거가 될 수밖에 없고, 무상을 이해하게 되면 기억된 이미지가 원래부터 있을 수 없어 기억에 머물러 있는 것이 허망할 수밖에 없다는 것을 알게 됩니다. 기억을 허망하다고 하고, 지혜를 어떤 이미지(相)에도 매이지 않는 판단이라고 하는 까닭도 여기에 있습니다.

　기억은 만들어진 형상을 앎의 바탕으로 삼고 있기 때문에 어디에도 걸림 없이 흐르는 인연의 속성과 어긋나지만, 지혜는 일어나고 사라지는 형상 어느 것에도 매이지 않기 때문에 오히려 일어나고 사라지는 형상을 넘어서 매임 없는 인연의 흐름과 상통하고 있습니다. 기억이 불만족을 만들고 있는 창고와 같고, 지혜가 만족한 삶을 살 수 있는 근본이 되는 까닭입니다. 어리석은 사람은 기쁘고 즐거운 것만을 잡으려 하면서 잡히지 않는 삶을 버겁게 살고 있고, 지혜로운 사람은 원래 잡을 수 없는 것인 줄 알아 잡으려는 의지를 내려놓고 사니 일어나고 사라지는 일조차 없는 것처럼 살지요.

일어나고 사라지는 것을 떠나려는 삶이 일어나고 사라지는 것에 얽매여 있는 것과 같고, 일어나고 사라지는 것을 있는 그대로 사는 삶이 오히려 일어나고 사라지는 것을 떠나 있는 것과 같으며, 어리석은 사람은 생사를 떠나 열반을 구하려 하면서 더욱 더 생사에 얽매여 가고, 지혜로운 사람은 생사를 열반으로 사니 생사에서 생사를 떠나 있는 것과 같습니다.

그러므로 반야의 지혜를 닦는 사람은 생사에서 생사가 없는 삶을 사는 지혜를 터득해 생사에서 열반으로 가려고 하지도 않고, 생사를 떠나 열반에 머무르려고 하지도 않습니다. 생사를 버리고 열반을 취하여 열반을 사는 것도 아니고, 생사 밖에 있는 열반이 아닌 줄 알기에 생사와 열반을 분별하지도 않습니다.

바람 없는 마음은 부처의 마음

반야의 지혜를 터득한 사람에게는 괴로운 생사도 없고 즐거운 열반도 없습니다. 오직 고요하고 평화로운 가운데 바란 일이 모두 이루어진 것처럼 삽니다. 바라는 의지가 사라졌기 때문입니다. 분명하게 의지가 작용하고 있으나, 의지하는 내용에서 보면 어느 것도 잡지 않으므로, 잡으려는 것도 없고 버리려는 것도 없습니다. 일어나면 일어나는 것이 의지가 되고 열반이 되며, 사라지면 사라지는 것이 의지가 되고 열반이 되니, 바람 없다는 데서 보면 아무런 바람이 없지만 이루어진 데서 보면 모든 바람이 이미 이루어졌다고 할 수 있습니다. 바람 없는 의지가 바람이 됐으므로 바람이 있으나, 바람 없는 내용에서 보면 바람이 없으니, 바람 없는 의지야말로 모든 것을 이루는 의지라고 할 수 있습니다.

열반은 바람 없는 의지가 바람이 된 결과라고 할 수도 있지만, 의지가 만들어내는 것이 아니기 때문에 의지한 결과라고 할 수도 없습니다. 열반을 이룬 데서 보면 열반의 마음은 이미 있었던 것과 같고, 의지조차 내려놓는 수행을 한다는 데서 보면 수행으로 생사를 여읜 마음이 열반이 됐다고 할 수 있지요.

바람 없는 마음은 으뜸 되는 앎의 흐름을 자각하는 마음으로 부처의 마음이며, 법계의 인연을 관통하는 법신의 마음입니다. 이 마음 밖에 다른 부처가 없으니, 일어나고 사라지는 것을 있는 그대로 보는 마음이야말로 모든 번뇌를 여읜 마음이며, 열반을 성취한 마음이며, 모든 것들을 떠나지 않는 마음이면서도 그것에 매여 있지 않는 마음입니다. 의지대로 일어나고 사라지기를 내려놓는 순간의 마음이 범부의 마음에서 부처의 마음이 되고, 법계의 인연을 관통하고 법신이 되니, 내려놓은 마음이야말로 삼독심을 계정혜 삼학으로 바꿔 궁극에는 부처 되게 하는 마음입니다.

10. 근기 根機

선지식들이여, 깊고 깊은 법계에 들어가고자 하고 반야삼매에 들어가고자 하는 사람은 바로 반야바라밀법을 실천 수행하여야 합니다. 그러기 위해서는 오직 『금강반야바라밀경』 한 권만을 수지 독송하고 그 가르침을 생각생각 익혀야 합니다. 그렇게 하면 자신의 본래 모습을 볼 것이고 반야삼매에 들 것입니다. 반야삼매에 든 사람의 공덕은 한이 없는 줄 알아야 합니다. 그 공덕은 『금강경』 가운데서도 분명하게 찬탄했듯 일일이 다 설명할 수 없습니다.

이것이 가장 으뜸가는 가르침으로, 큰 지혜를 갖춘 근기가 가장 뛰어난 사람들을 위한 가르침입니다. 근기가 뛰어나지 못한 사람들이 만약 이 가르침을 듣는다면 믿지 않을 것입니다. 비유하자면 큰 용이 인간이 사는 지상에 많은 비를 내리면 풀잎은 여기저기를 떠다니지만, 큰 바다에 내리면 물의 양이 늘지도 않고 줄지도 않는 것과 같습니다. 큰 바다와 같이 대승에 대한 믿음이 있는 사람만이 『금강경』의 가르침을 듣고서 마음이 열리고 대승에 대한 가르침을 깨달아 알 것입니다.

그러므로 우리들의 본바탕인 마음자리 그 자체에 본래부터 반야의 지혜가 있어서, 마음 스스로 지혜를 써서 모든 것을 꿰뚫어 보되 문자에 의지하지 않는다는 것을 알아야 합니다.

비유하자면 용왕이 비를 내릴 때 하늘에 있는 비를 내리는 것이 아님과 같습니다. 용왕이 강과 바다에 있으면서 자신의 몸으로 물을 끌어다가 중생과 풀과 나무 등 유정과 무정들을 모두 윤택하게 하고 난 다음, 다시 모든 물을 큰 바다로 흘러가게 하고, 바다는 그 모든 물을 받아들여 바닷물로 하나 되는 것과 같습니다. 뭇 생명의 본래 성품인 반야의 지혜 또한 이와 같아 모든 생명들이 연기의 바다에서 하나 된 생명임을 알게 합니다.

근기가 작은 사람은 지금 설명한 반야바라밀의 가르침, 곧 청정한 마음자리는 열반을 취하지도 않고 번뇌를 버리지도 않으면서 언제나 모든 것을 그것 되게 하고 있으므로, 마음을 성숙시켜 깨달음을 얻는 것이 아니라 마음의 알아차리는 성품 그 자체가 깨달음이 된다는 돈교頓敎의 가르침을 믿고 받아들이지 못할 것입니다.

비유하자면 대지에 뿌리를 깊숙이 내리지 못한 풀과 나무가 큰

비가 내리면 쓰러져서 더 클 수 없는 것과 같습니다. 근기가 작은 사람도 이와 같아 스스로가 대지이면서 광대한 존재라는 것을 받아들이지 못하기에 쉽게 자신을 낮은 존재로 만들고 맙니다.

그렇다고 하더라도 '마음 그 자체의 광대함'과 '모든 것을 받아들이면서 바른 판단을 내리고 있는 반야의 지혜'는 광대한 지혜를 쓰는 사람에게나 근기가 얕아 좁은 소견을 짓는 사람에게나 차별이 없이 똑같이 있습니다.

그렇다면 무슨 까닭에 법문을 듣고서도 깨닫지 못하는 것입니까? 그것은 잘못된 견해에 깊이 물들어 번뇌의 뿌리가 깊기 때문입니다. 마치 큰 구름이 태양을 가리고 있어, 바람이 불어 구름을 흩어버리지 않는다면 태양이 나타날 수 없는 것과 같습니다. 반야의 지혜 그 자체로 본다면 크고 작음이 없으나 깨닫지 못한 중생에게는 미혹한 마음이 있어 마음 밖에서 부처를 찾기 때문에 스스로의 마음자리가 부처인 줄을 깨닫지 못합니다. 이와 같이 마음 밖에서 부처를 찾는 사람이 근기가 작은 사람입니다.

그러나 반야의 지혜에는 크고 작음이 없기 때문에 근기가 작은 사람이라고 할지라도, 청정한 마음이 곧 부처라는 돈교의 법문을 듣고서, 마음 밖에서 부처를 찾는 수행을 더 이상 믿지 않고, 오직 자기의 마음에서 자기의 본성으로 하여금 항상 바른 견해

...을 일으키게 한다면, 번뇌에 쌓여 있는 중생일지라도 그 즉시 모두 깨닫게 됩니다. 비유하자면 큰 바다가 모든 강물을 받아들여 하나의 바다가 되는 것과 같습니다.

이것이 어떤 언어나 형상의 이미지도 갖고 있지 않는 마음의 본성을 본 것(見性)입니다. 마음의 본성을 보게 되면 안팎 어느 곳에도 머물지 않으면서 오고 감에 자유롭게 되고 집착하는 마음을 제거할 수 있어, 모든 인연에 통달하여 어떤 것에도 걸림이 없게 됩니다. 그러므로 마음으로 마음자리에 통달하는 돈교의 수행을 한다면 반야바라밀경의 가르침을 실천하는 것과 아무런 차별이 없습니다.

善知識 若欲入甚深法界 入般若三昧者 直修般若波羅蜜行 但持金剛般若波羅蜜經一卷 卽得見性 入般若三昧 當知此人功德 無量 經中分明(名)讚嘆 不能具說 此是最上乘法 爲大智上根人說 小(少)根智人 若聞[此]法 心不生信 何以故 譬如大龍 若下大雨 雨於(衣)閻浮提 如漂草葉 若下大雨 雨於(放)大海 不增不減 若大乘者 聞說金剛經 心開悟解 故知本性 自有般若之智 自用智(知)惠觀照 不假文字 譬如其雨水不從天(無)有 元是龍王 於江海中 將身引此水 令一切衆生 一切草木 一切有情無情 悉皆蒙(像)潤 諸水衆流 却入大海 海納衆水 合爲一體 衆生本性 般若之智 亦復如是 小(少)根之人 聞說此頓敎 猶如大地草木根性自小(少)者 若被大雨一沃 悉皆自倒(到) 不

能增長 小(少)根之人 亦復如是 有般若之智「之」與大智之人 亦無差別 因何聞法卽不悟 緣邪見障重 煩惱根深 猶如大雲 蓋覆於日 不得風吹 日無能現 般若之智 亦無大小 爲一切衆生 自有迷心 外修覓佛 未(來)悟自性 卽是小根人 聞其頓敎 不信外修 但於自心 令自本性 常起正見 煩惱塵勞衆生 當時盡悟 猶如大海納於衆流 小水大水 合爲一體 卽是見性 內外不住 來去自由 能除執心 通達無碍 心修此行 卽與般若波羅蜜經 本無差別

공성으로 사유하다

반야경 시대, 곧 대승불교 시대가 시작된 것은 부처님께서 돌아가신 때로부터 약 500년 후 입니다. 반야경 계통의 대승불교에서 내세우고 있는 사유 체계는 공성空性을 근간으로 하고 있습니다. 반야부 경전은 공성의 사유를 통해서 인연 따라 형성된 것들의 '독자적인 존재성(自性)'을 부정할 뿐만 아니라, 형성된 것을 이루는 근거로서의 요소인 법法조차 실재하지 않는다고 주장합니다. 예를 들면 사람이란 몸과 마음에 의해서 존재하고 있는데, 몸(色)과 마음(受相行識)을 제외하면 사람이라는 존재성(自性)이 따로 있을 수 없으니, 사람의 존재성은 공空이라는 것입니다. 나아가 사람을 이루는 몸과 마음을 "몸이 있으므로 마음이 있고 마음이 있으므로 몸이 있으며, 몸이 없으므로 마음이 없고 마음이 없으므로 몸이 없다."라는 연기법의 사유 체계로 이해한다면, 마음을 떠난 몸만으로서의 존재성, 곧 '색이라는 법의 자성(色法)'과 몸을 떠난 마음만으로서의 존재성, 곧 '심이라는 법의 자성(心法)'도 있을 수 없다는 것입니다.

'사람만으로서의 존재성(人我)'을 부정하는 것도 쉬운 일이 아닌데, 사람을 이루는 항(法我)들조차 그것만으로 존재하지 않는다는 생각을 받아들인다고 하는 것은 정말 쉬운 일이 아니었을 것입니다. 사실 브라만교 등에서 주장하고 있는 "일상에서 경험하고 있는 몸과 마음의 이면에 자아의 존재성이 차별적으로 실재하고, 차별로서 실재한 자아의 존재성에 의해서 경험으로 드러나고 있는 몸과 마음에도 차별이 있다."라는 생각에 의해 형성된 카스트의 차별에 대한 문제성도 브라만교 등의 가르침 밖에서 살펴보지 않는다면 발견하기 어려운 일입니다. 왜냐하면 오랜 세월 동안 브라만교 등의 사유 체계에 의해서 만들어진 인식의 근거가 현재의 인식을 지배하고 있기 때문입니다.

부처님의 가르침은 일차적으로는 차별적으로 실재하고 있다고 여기는 사람 등의 존재성이 분별하는 사유에 의해서 만들어진 허상이며, 사람이라는 이미지는 몸과 마음이 만나 생겨난 것으로 몸과 마음을 떠난다면 사람이라는 존재가 따로 있을 수 없다는 것입니다. 나아가 몸과 마음 또한 연기 관계에서 몸과 마음으로 있기 때문에 몸과 마음도 사람의 존재성이 없는 것처럼 실체로서 존재할 수 없다는 것입니다.

드러난 것을 그것 되게 하는 실체, 곧 스스로를 스스로 있게 하는 본성(人我)도 없고, 드러난 것을 이루는 요소인 법의 본성(法我)도 없다는 것이 공성에 대한 사유이며, 이를 근간으로 삼는 경전이 반야경 계통의 경전입니다. 반야경 계통이 차별의 실체로서 존재한다고 여기는 사람의 존재성과 요소의 존재성을 강하게 부정하고 있는 것은, 반야경이 성립되던 시기에도 브라만교 등 불교 이외의 인도 종교 사상계에서는 여전히 분별된 사유에 의해서 만들어진 실체로서 아상을 주장하고 있었으며, 일부이긴 하지만 불교 내부에서도 요소의 실재성(法我)을 주장하고 있었기 때문입니다. 이미 이루어진 언어들이 언어의 개념에 맞는 실상을 지시하고 있다고 여기는 마음의 분별 작용에 대한 반성도 없고 마음의 분별 작용을 자각한 경험도 없다면, 경험하고 있는 분별과 그에 맞는 개념 정립에 의해서 자신의 주장이 확실하다고 여길 수밖에 없기 때문이겠지요.

반야 공성의 빈 마음

『반야경』은 공성이라는 사유 체계를 통해서 이미 이루어진 사유 체계를 근본적으로 흔들고 있습니다. 이미 이루어진 사유 체계와 정면으로 부딪치고 있으니 쉽게 받아들이기 어려웠을 것입니다. 그럼에도 불구하고 반야의 지혜를 표현하고 있는 공성空性을 쉽게 이해하고, 그것으로 자신의 사유 체계를 살피고 살펴, 어떠한 사유 체계에도 머물지 않는 유연성을 발휘하는 사람들이 있었습니다. 이 사람들은 『반야경』이 제시한 사유 체계의 근간인 공空이라는 개념에도 머물지 않는 유연성을 이미 갖추고 있었다고 할 수 있습니다. 이와 같은 사람들이 근기가 뛰어난 사람들입니다. 그러므로 근기가 뛰어나다는 것은 사유 체계가 굳어 있지 않다는 것이며, 스스로의 사유 체계를 반성적으로 되돌아보는 것을 두려워하지 않는다는 것이며, 바르지 못한 사유의 근거를 내려놓는 데도 주저함이 없다는 것을 뜻합니다.

따라서 근기가 뛰어난 사람은 새로운 흐름을 대표하는 『금강반야바라밀경』의 가르침을 통해서 공성의 지혜를 걸음걸음마다 실천하는 데 주저함이 없었을 것이며, 주저함이 없는 마음이 다시 빈 마음의 특성을 드러냈을 것입니다. 그리하여 마음마다 걸음마다 반야바라밀다를 실천하여 반야삼매의 삶을 살았겠지요.

반야 공성의 빈 마음은 어디에도 걸림 없는 유연성을 특징으로 하기 때문에 만들어진 분별 이미지에 머물러 있는 마음을 비워 낸 것과 같으며, 모든 이미지들을 해체하면서 동시에 인연의 모습을 지혜로 표현하고 있는 것과 같습니다. 어느 것에도 머물지 않으면서 그 모두를 껴안고 있는 청정한 마음입니다.

11. 성품을 봄 見性

부처님께서 말씀하신 경전의 가르침은 모두 사람들을 위하여 있는 것이며, 사람들마다 경전의 가르침을 듣고서 잘 판단할 수 있는 서로 다른 지혜로운 성품이 있기 때문에 여러 종류의 경전도 있을 수 있습니다. 보고 듣는 사람이 없다고 하면 지혜로운 사람과 모든 가르침도 본래부터 없었겠지요. 그러므로 모든 가르침은 사람들을 위하여 생겨난 것이며, 모든 경전들 또한 사람들을 위하여 남아 있는 줄 알아야 합니다.

모든 가르침은 사람들과의 인연으로 있으나, 사람 가운데는 어리석은 이도 있고 지혜로운 이도 있어 여러 갈래의 가르침이 있습니다. 어리석으면 소인小人이 되고 지혜로우면 대인大人이 됩니다.

미혹한 사람은 지혜로운 사람에게 묻고, 지혜로운 사람은 어리석은 사람에게 바른 법에 대해 잘 설명해 주어 어리석은 사람들로 하여금 바른 법에 대해 깨쳐 알고 마음을 열게 하여야 합니다.

미혹한 사람이라고 할지라도 깨달아 마음을 열면 큰 지혜를 갖춘 사람과 차별이 없습니다. 그러므로 깨닫지 못하면 부처가 중생이요, 깨달으면 중생이 부처인 줄을 알아야 합니다.

모든 진리는 자신의 몸과 마음 가운데 다 갖추어져 있거늘 어찌 자신의 마음을 좇아서 단박에 있는 그대로의 청정한 마음을 드러내지 않습니까?『보살계경』에서도 "나의 근원인 마음자리가 청정하다."라고 하였으니, 마음을 알고 청정한 성품을 본다면, 스스로 불도를 이루고 곧바로 마음이 확 트여 본래의 마음자리로 되돌아 갈 것입니다.

一切經書及文字 小大二乘 十二部經 皆因[人]置 因智惠性故 故「然」能建立 我若無 智人 一切萬法 本無不有 故知萬法 本因(從)人興 一切經書因人說有 緣在人中有「有」愚有智 愚爲小(少)故 智爲大人 迷人問(問迷人)於智者 智人 與愚人說法 令使愚者 悟解心(深)開 迷人若悟心開 與大智人無別 故知不悟 即「是」佛是衆生 一念若悟 即衆生「不」是佛 故知一切萬法 盡在自身心中 何不從於自心 頓現眞如本性(姓) 菩薩戒經 云 我本源(願)自性(姓) 淸淨 識心見性 自成佛道 即時豁然 還得本心

번뇌 없는 사람의 일상이 진리

『금강경』에서는 "강을 건너고 나서도 뗏목을 지고 다닐 필요가 있겠는가?"라고 묻고 있습니다. 경전의 가르침은 번뇌의 강을 건너는 지침이므로 번뇌의 강을 건너고 나면 가지고 다닐 필요가 없다는 것이지요. 사람에 따라 번뇌의 경향성이 달라 하나의 가르침만으로 모든 번뇌의 강을 건널 수 없으므로 여러 가지 경전이 전해졌고 만들어졌다는 데서도 경전의 가르침이 어떻다는 것을 짐작할 수 있습니다.

사람과 만나 경전의 가르침이 번뇌의 강을 건너는 뗏목의 역할을 하는 경우에만 사람과 경전이 함께 살아 있게 됩니다. 사람을 떠나서 경전만으로 절대의 진리를 표상하고 있다는 생각은 경전을 사람에게서 소외시키는 것과 같아 사람과 경전 양쪽 모두를 살리는 역할을 하지 못합니다. 특정한 가르침만이 절대의 진리를 표상하고 있다는 생각은 다른 것은 그렇지 못하다는 것을 전제하는 것과 같으므로 필연적으로 분열과 다툼의 근거를 형성하게 됩니다. 역사가 이를 증명하고 있습니다. 진리란 경전 속에 표상되어 있는 언어 문자 속에 있는 것이 아닙니다. 경전을 보는 사람의 번뇌가 소멸되어, 경전의 언어가 사람의 일상에서 살아나는 경우에만 경전이 진리를 표상한 것과 같습니다. 번뇌 없는 사람의 일상이 진리가 된다는 뜻입니다.

혜능 스님께서 모든 경전과 언어 개념은 사람과의 관계 속에서 이야기된 것이며, 경전을 읽는 사람도 이미 갖고 있는 언어 개념에만 매몰되지 않고 새로운 이해를 통해 번뇌를 여읠 수 있는 반야의 지혜를 쓸 수 있어야 새로운 언어 개념과 만나 바른 사유를 할 수 있다고 말씀하신 것도 이러한 까닭입니다. 경전만으로의 진리도 없고 사람만으로의 언어 해체도 쉽지 않습니다. 사람과 경전과 빈 마음의 지혜가 함께 어울려 번뇌 없는 삶을 살 수 있게 되었더라도 특정한 사유 체계만을 진리인양 갖지 않아야 경전이 지혜로써 작용한다고 할 수 있다는 것입니다.

공성의 길을 본 사람

반야의 지혜로 새로운 언어 개념을 만들기도 하지만, 빈 마음에서 반야의 지혜가 나오므로, 지혜 있는 사람은 '비어 있음'에도 머물지 않고 '언어 개념'에도 머물지 않으면서 모든 인연과 소통하여 흐를 수 있습니다. 길(道)의 본래 모습이 환히 드러난 것이지요. 마음의 길을 보고 경전의 길을 보는 것이 열린 마음이며, 공성의 반야 지혜가 매임 없이 작용하는 것입니다. 본래부터 매일 수 없는 도(길)의 흐름대로 사는 유연한 마음을 갖춘 사람이 지혜로운 사람이니, 공성의 길을 본 사람은 인연 따라 길을 잃고 헤매는 사람에게 길을 가리켜 줄 수 있습니다.

이때의 길은 번뇌가 없다는 점에서 '깨달음의 길(佛道)'이라고 하는 동일한 이미지를 갖기는 하지만, 무상한 인연이 길조차 무상하게 변주하고 있으므로 하나의 특정한 길만을 가리킬 수 없습니다. 만나는 인연마다 깨달음의 길이 되고, 무상한 흐름과 어울려 인연을 표현해 내는 마음마다 도道가 되는 것이지요. 우리의 일상이 이렇게 될 때라야 번뇌가 없는 삶을 삽니다.

이와 같은 마음이어야 '언어의 본질'과 '형상의 본질' 그리고 '마음의 본질'을 봤다고 할 수 있는데, 실상은 마음의 본질 등을 보는 것이 아니라 보는 것이 그대로 빈 마음이 되는 것입니다. 이것이 마음을 본 것이며 성품을 본 것이며 중생이 부처가 된 것입니다. 때문에 마음 하나를 자각한다는 것은 그저 하나의 마음을 자각하는 것이 아니라 모든 인연을 아는 것과 같고, 모든 인연을 관통하는 반야의 공성을 잊지 않는 마음 씀과 같으므로, 마음을 아는 것이 모든 것을 아는 지혜를 얻은 것과 같습니다.

모든 것을 아는 마음은 특정한 색깔로 세상 보기를 그친 마음이며 어디에도 매임 없는 마음입니다. 모든 것을 그 모습 그대로 인정하는 마음입니다. 이와 같은 마음의 특성을 청정하다고 합니다. 모든 것을 받아들이면서 새로운 인연으로 무상한 인연을 앎으로 표현하고 있는 마음입니다. 받아들여 알면서 아는 것이 인연이 되기에 마음이 인연의 변화를 아는 것과 같지만, 인연의 변화가 앎이 되기에 인연에 비껴서 있는 마음이 따로 없습니다.

그러므로 아는 것이 '인연이 되면서 앎이 되는 것'을 자각하여, 마음이야말로 공성 그 자체임을 본다면, 보는 것이 마음이며 공성임을 깨달아, 모든 번뇌를 소멸한 열반의 삶을 살게 될 것입니다. 공성을 자각한 마음이 인연의 흐름을 깨달음으로 만든 것과 같다고 할 수 있으며, 인연의 변화가 앎으로 공성을 표현하고 있기 때문에 인연이 된 마음이 마음 스스로를 깨닫게 했다고 할 수 있습니다.

한 생각 돌이켜 분별되어 나타난 형상에 걸림 없는 마음을 쓰는 것은 청정한 마음의 본성을 회복한 것이면서 모든 인연을 환하게 아는 것과 같으므로, 깨달은 마음을 '모든 것을 아는 마음'이라고 합니다. 성품을 본 마음이면서 보는 것이 성품이 된 마음으로 무상한 인연에 수순하는 지혜를 자각한 것입니다.

12. 단박에 깨침 頓悟

선지식들이여, 저는 홍인 화상의 법문을 한 번 듣자마자 그 말끝에 바로 크게 깨달아 단박에 있는 그대로의 청정한 마음을 보았습니다. 이런 까닭에 있는 그대로의 청정한 마음을 단숨에 보게 하는 가르침을 후대에 전해, 도를 배우는 사람들로 하여금 단박에 본래부터 갖추고 있는 지혜를 깨닫게 하려고 합니다. 각자 스스로의 마음을 꿰뚫어 보고 청정한 자신의 마음을 즉시 깨닫게 하는 것이지요.

만약 스스로 깨달을 수 없다면 큰 선지식을 찾아가 가르침을 받아 청정한 마음자리를 보아야 합니다. 큰 선지식이란 어떤 분입니까? 가장 뛰어난 법을 알고 바른 길을 제시하는 분입니다. 큰 선지식과 만나는 것이야말로 크나큰 인연입니다. 공부하는 사람을 인도하여 부처님을 볼 수 있게 하기 때문이며, 온갖 착한 법을 닦고자 하는 마음도 큰 선지식으로 말미암아 생겨나기 때문입니다. 그러므로 삼세의 모든 부처님의 가르침과 모든 경전의 가르침이 사람의 청정한 마음자리에 본래부터 다 갖추어져 있다고 하더라도 스스로 그 자리를 깨달을 수 없다면, 반드시 선지식의 가르침을 받아 청정한 마음을 보아야 합니다.

만약 스스로 깨달을 수 있는 사람이라면 마음 밖에서 선지식의 가르침을 따로 구할 필요가 없습니다. 그럼에도 불구하고 마음 밖에 있는 선지식의 가르침을 받아야만 해탈할 수 있다고 고집한다면 옳지 않습니다. 자신의 마음 가운데 있는 선지식을 알면 해탈입니다.

만약 스스로의 마음이 삿되고 미혹하여 허망한 생각에 의해 전도되었다면 선지식의 가르침이 있더라도 깨달을 수 없을 것이니 반드시 반야의 지혜로써 밝게 꿰뚫어 보아야 합니다. 그리한다면 찰나 간에 허망한 생각이 다 없어질 것이니, 반야의 지혜로써 밝게 꿰뚫어 보는 것이야말로 자신의 마음 가운데 있는 진정한 선지식입니다. 한 번 깨닫게 되면 부처를 알게 됩니다.

청정한 자신의 마음자리를 반야의 지혜로써 밝게 꿰뚫어 보아 안팎이 환하게 통하면, 자기의 본래 마음을 알게 됩니다. 이것이 해탈이며, 언제 어디서나 지혜로운 판단을 하게 되는 반야삼매般若三昧입니다. 반야삼매를 깨닫는 것이 '허망한 생각이 없는 것(無念)'입니다.

'허망한 생각이 없다(無念)'는 것은 모든 것을 보되 어떤 것에도 집착이 없으며 어느 곳에나 있되 어느 곳에도 집착하지 않는 마음입니다. 이 마음은 항상 마음 그 자체를 청정히 하여 번뇌를 생기게 하는 도적과 같은 눈·귀·코·혀·몸·마음의 6근으로 하여금 지각의 문을 달려 나가 여섯 가지 경계와 만나게 하되, 경계를 제거하지도 않고 경계에 물들지도 않아 오고 감에 자유롭습니다. 이것이 반야삼매며, 어디에도 걸림 없이 자신의 본래 모습 그대로가 존재 이유가 되는 자재해탈自在解脫이며, 허망한 생각이 없는 삶입니다. 그러므로 아무것도 생각하지 않는 것을 무념無念이라고 여겨 생각을 끊으려고 해서는 안 됩니다. 그것은 '생각 없음'이라는 개념에 묶여 있는 것으로 '한쪽으로 치우친 견해(邊見)'일 뿐입니다.

'허망한 생각이 없는 법(無念法)'을 깨달은 사람은 어느 것과도 통하며, '허망한 생각이 없는 법'을 깨달은 사람은 모든 부처님의 경계를 본 것이며, '허망한 생각이 없는 청정한 마음 그 자체와 단박에 계합하는 법(無念頓法)'을 깨달은 사람은 부처의 지위에 이른 것입니다.

善知識 我於忍和尙處 一聞 言下 大悟(伍) 頓見眞如本性 是故將此 (汝)教法 流行後代 令(今)學道者 頓悟(伍)菩提 各自觀心 令自本性 頓悟 若[不]能自悟者 須覓大善知識示導(亦道) 見性(姓) 何名大善知

[識] 解最上乘法 直示正路 是大善知識 是大因緣 所謂(爲)化導(道) 令得見佛 一切善法 皆因大善知識能發起 故三世諸佛 十二部經 云在人性中 本自具有 不能自性(姓)悟 須得善知識示導(道) 見性 若自悟者 不假外善知識 若取外求善知識 望得解脫(說) 無有是處 識自心內善知識 即得解[脫] 若自心 邪迷 妄念顚倒 外善知識 即有敎授「汝若」不得自悟 當起般若觀照 刹那間 妄念 俱滅 卽是自眞正善知識 一悟卽知佛也 自性心地 以智惠觀照 內外明(名)徹 識自本心 若識本心 卽是解脫 旣得解脫 卽是般若三昧 悟般若三昧 卽是無念 何名無念 無念法者 見一切法 不著一切法 遍一切處 不著一切處 常淨自性 使六賊 從六門走出 於六塵中 不離不染 來去自由 卽是般若三昧 自在解脫 名無念行 莫百物不思 常(當)令念絶 卽是法縛(傳) 卽名邊見 悟無念法者 萬法盡通 悟無念法者 見諸佛境界 悟無念頓法者 至佛位地

깨달음은 본래의 마음 그 자리

무엇을 생각하든 그것이 도道 아님이 없지만, 무엇을 생각하든 생각하는 그것이 그대로 도일리도 없는 것, 이것이 도일지니, 도道란 말해지면서 말해질 수 없는 숙명을 갖고 있습니다. 숙명이라고 이야기하면 결정된 인과의 길을 가는 것처럼 들리지만 인과의 길을 가는 듯하면서도 그 길을 벗어나 있는 것이 숙명입니다. 그러므로 숙명이라고도 말할 수 없는 것이 다시 숙명인 듯 일어나고 사라지는 것이 도道이면서 도가 아니지요. 그래서 도란 수행으로 얻어지는 결과가 아니지만 수행하지 않으면 도를 얻지 못하니 수행이란 수행에서 수행을 빼버리는 것과 같습니다. 따라서 수행이란 얻으려는 것이 얻을 수 없는 것인 줄 알고 수행으로 이루어지는 것도 아닌 줄 아는 마음을 닦는 것이라고 하겠습니다.

얻으려 하지도 않고 이루려 하지도 않는 마음은 인연이 된 마음이며, 마음이 인연의 모습으로 드러난 것입니다. 인연이 된 마음이 일어나고 사라지며, 일어나고 사라지는 인연이 마음이라는 것이지요. 그러므로 알아차리는 마음이 인연 밖에 따로 있어 인연을 아는 것도 아니고, 아는 마음이 마음을 아는 것도 아닙니다. 인연 밖에 볼 수 있는 마음도 없고 알 수 있는 마음도 없지만, 볼 때는 보고 알 때는 아니 봄과 앎이 마음이 됩니다. 하지만 보인 것과 알려는 것 또한 다른 인연으로 다른 봄과 앎을 이어가니, 그 어떤 봄과 앎으로도 온전히 마음을 다 드러낼 수 없습니다.

마음이지만 특정한 마음도 아니고 도道이지만 특정한 도道도 아니기에, 보고 알아차리되 보인 것과 알려진 것에 머물지 않는다면 인연을 다 아는 마음인 일체종지一切種智를 성취하게 됩니다. 그러므로 인연 그 자체를 있는 그대로 아는 마음은 깨닫지 못한 마음 씀이 없어진 것과 같고, 마음과 인연이 깨달음이 되니 깨달음이 번개처럼 찾아온 것 같지만, 내용에서 보면 새삼스럽게 깨닫는 마음이 새롭게 생긴 것도 아닙니다. 본래의 마음 그 자리입니다. 따라서 마음을 봤다고 하더라도 그것은 마음을 본 것이 아닙니다. 왜냐하면

'보인 마음'이 마음이 아니라 '보는 마음'이 마음일 수밖에 없기 때문이며, 보는 마음이 마음 스스로를 볼 수 없기 때문입니다. 그렇지만 보인 마음이 없다면 보는 마음도 있을 수 없으며 보는 마음이 없다면 보인 마음도 있을 수 없으므로, 보는 마음이 보인 마음일 수 있고 보인 마음이 보는 마음일 수 있으니, 봄 그 자체가 '보는 마음'과 '보인 마음'을 다 드러낸 것이라고 할 수 있습니다.

때문에 특별한 양상의 마음을 보는 것이 마음을 제대로 본 것일 수 없습니다. 어느 양상에도 머물지 않으면서 모든 양상에 대해서 온전히 알아차리고, 무상한 변화로 인연의 다름을 연출하는 마음의 본성을 이해하는 것이 마음을 보고 마음을 아는 것입니다. 이 마음은 특별한 양상으로 존재하는 마음이 아닙니다. 다름으로 작용하고 있는 다른 마음이 그 모습 그대로 인연의 관계를 모두 담아서 다른 마음이 된 것입니다. 모두를 다 담아서 순간으로 하나가 된 마음, 마음이라는 특성으로 하나이면서 순간순간 다른 인연으로 다른 마음이 된 마음, 이 마음이 대승大乘이며 최상승最上乘입니다.

인연 따라 변하는 그것이 마음

인연으로 하나 된 마음은 어느 인연에도 열려 있으므로 인연마다 다를 마음이 되게 하면서도, 어느 것에도 매임이 없습니다. 어느 것에도 매임이 없다는 것은 생각하고 있는 마음이나 생각의 대상 모두가 그 자체로 실재하지 않는다는 것을 아는 것입니다. 생각하는 나도 실체로서 실재하지 않는다는 것을 명확하게 보고 이해한 것이며, 일어나고 사라지는 마음 현상에 휘둘려 욕심부리거나 성내지 않을 뿐만 아니라 그 현상들이 보편적이고 동일한 존재가 아닌 것도 여실히 아는 것입니다.

다양한 이미지들이 일어나고 사라지지만 그 모든 것들이 마음이 분별하여 형성한 이미지인 줄 알아, 이미지에 현혹되어 번뇌를 만들지 않는 것이지요. 이 마음이 깨달은 마음입니다. 인연 따라 일어나고 사라지는 현재의 마음에 대해서 분명한 자각이 있으므로 형성된 이미지의 허상에 의해서 흔들리지 않는 마음입니다.

흔들리지 않기에 선정이 완성된 마음이며, 일어나고 사라지는 모든 것과 그것을 알아차리는 마음조차 실체가 없다고 알기에 지혜가 완성된 마음입니다. 그러므로 마음을 지혜롭게 성숙시켜 가서 선정과 지혜를 완성시키는 것도 아니며, 특별한 양상의 마음만을 써야 깨달음이 완성되는 것도 아닙니다. 다만 일어나고 사라지는 마음 그대로를 알아차리면서, 알아차리는 마음이 일어나고 사라지는 변화와는 온전히 다른 보편적이고 동일한 실체를 갖는 마음이 아닌 줄 알고, 인연 따라 변하는 그것이 마음인 줄 알아 어느 마음에도 머물지 않고 어느 마음도 가지려 하지 않을 뿐입니다. 살아온 날들의 마음 씀을 보면 비록 습관화된 인식 패턴에 의해서 머무는 마음이 됐고 집착하는 마음이 됐을지라도, 그 마음이 허상인 줄 사무치게 알아차린다면 다시는 그 마음에 의해서 번뇌롭게 되지 않는다는 것이지요. 알아차리는 마음, 곧 '깨닫는 마음(菩提心)'이 모든 것의 본질이 공성인 줄 알게 하므로 번뇌가 일어나는 순간 번뇌조차 공성인 줄 깨달아 번뇌를 만드는 마음 씀이 없어진 것과 같게 된다는 것입니다. 이 마음이 열반을 성취한 마음이며 깨달은 마음입니다.

그러므로 분별된 이미지에 의해 만들어진 보편적이고 동일한 이름을 갖는 인상印象이 허상인 줄 안다면 허상인 마음을 없애지 않고도 마음의 본래 모습에 대한 깨달음이 단박에 가능하며, 허상인 줄을 사무치게 자각한다면 허상에 의해서 흔들리지도 않게 되어 고요한 지켜봄과 알아차림 또한 단박에 가능합니다. 사무치게 알아차리는 한 번의 마음은 허망한 기억을 없애는 마음이 아니라, 기억이 허망한 줄 알고 기억에 의해 흔들리지 않는 상태가 되는 마음이므로, 찰나 간에 허망한 마음이 없어진 것과 같습니다. 허망한 기억의 실체, 곧 기억의 허망성을 알 뿐만 아니라 모든 것이 인연이 만든 분별에 의해서 형성된 모습인 것을 알고, 인연이 만든 분별된 모습조차 끊임없이 변하는 줄 알아 어떤 모습도 취착하지 않으므로, 안다는 마음의 특성을 바꾸지 않고도 그 마음 그대로 바른 앎이 되는 것이지요.

깨달은 마음을 이어가는 것이 부처의 자리

바른 앎인 무상을 꿰뚫어 보는 한 번의 깨달음은 존재의 실상을 바로 알아차리는 앎이면서 앎이 일어나는 순간마다 그것이 존재의 전부임을 아는 앎입니다. 이와 같은 앎을 부처의 지혜라고 합니다. 따라서 수행은 부처의 마음과 지혜를 만들어 가는 것이 아니라, 지금 여기의 앎이 존재의 모든 것이면서 인연을 관통하는 실상임을 깨닫는 것입니다. 앎이면서 앎의 한 순간이 존재의 전체가 되는 앎이지요. 그러므로 깨달음이 단박에 일어날 수 있습니다. 무상한 변화의 한 순간이 존재의 실상이며 삶의 전부이면서, 앎으로 드러나고 있기 때문입니다.

곧 두 찰나를 연속하여 동일한 모습을 유지할 수 없는 인연의 변화가 존재의 실상이면서 앎이 되기에, 단번에 실상을 깨달을 수 있고(頓悟) 단번에 깨달은 삶을 살 수 있습니다(頓修). 더 이상 '감각 기관을 통해서 수용되는 감각 지각'과 '분별의 이미지를 통해서 이해하는 의意의 지각'이 우리의 마음을 흔들지 못합니다. 흔들리지 않는다고 하여 아무런 생각이 없는 것도 아닙니다. 감각 지각과 의意 지각을 통해서 온갖 생각이 일어나고 사라지나 그 모두가 실체를 갖지 않는 줄 알 뿐만 아니라 그것이 현재의 인연을 다 드러내는 줄 알기 때문에, 흔들리지 않는 고요한 살핌 가운데 모든 것을 있는 그대로 알아차립니다.

그러므로 한 번의 온전한 알아차림은 모든 경계를 다 알아차리는 것과 같으며 알아차리는 마음 또한 분명한 알아차림으로 부처의 지혜가 발현되고 있는 것과 같으니, 모든 인연이 한 번의 알아차림으로 다 통하고 있다고 할 수 있습니다. 단박에 깨닫는 것도 가능하고, 단박에 깨닫는 한 번의 마음으로 곧바로 부처가 될 수 있는 까닭도 여기에 있습니다. 분별된 인연에 얽매이지 않아 욕심내고 성내는 번뇌의 얽매임으로부터 해탈이 일어났으므로 청정한 마음을 자재하게 쓸 수 있고, 모든 인연이 공성인 줄 알아 존재의 실상을 모르는 어리석음으로부터 해탈이 일어났으므로 반야의 지혜가 항상 작용하게 됩니다.

　알아차리는 마음마다 반야삼매가 되어 기억된 허망한 마음에 의해서 흔들리는 일이 일어나지 않습니다. 보고 듣고 느끼고 아는 모든 것이 항상 청정한 마음에서 일어나고 있으며, 무상한 인연에 수순하여 어느 모습에도 매이지 않고 청정한 마음을 씁니다. 마음 하나를 사무치게 알아차려 안팎이 반야의 지혜로 빛날 때, 아는 마음도 알려진 마음도 모두 빈 모습으로 있으면서, 그때의 인연을 하나의 모습으로 나타내고 있는 것을 여실하게 보고 아는 앎입니다. 안도 마음이 되고 바깥도 마음이 되나 마음이라는 모습조차 없으니, 마음조차 없어지는 한 순간의 깨달음이 마음마다를 깨달음이 되게 하여 깨달은 마음을 이어가는 것입니다. 이것이 부처의 마음입니다.

13. 죄를 없앰 滅罪

선지식들이여, 뒷날 나의 법을 얻은 사람은 항상 나의 법신이 그 사람 곁을 떠나지 않는 것을 볼 것입니다. 선지식들이여, 마음을 성숙시켜 청정하게 하는 것이 아니라 마음 그 자체가 본래부터 청정하므로 청정한 마음과 계합하기만 한다면 단박에 깨달음을 이루게 됩니다. 그러므로 선지식들께서는 청정한 마음 그 자체와 단박에 계합하게 하는 돈교의 법문을 항상 마음 깊이 새겨 함께 보고 함께 실천하되, 부처님 섬기듯 하겠다고 발원하고 받아 지니십시오. 종신토록 받아 지니면서 수행을 계속하는 것은 부처의 지위에 들기 위함입니다.

그러나 법을 전수할 때는 예부터 해왔듯 말없이 전수해야 하지만, 큰 서원을 세우고 깨달음을 위한 수행을 계속하지 않으면 안 된다는 당부를 잊어서는 안 됩니다. 만일 이와 같은 견해에 동의하지도 않고 그렇게 할 뜻도 없다면, 그곳에서는 쓸데없이 법에 대해서 이야기할 필요가 없습니다. 그럼에도 불구하고 법에 대해서 이야기하는 것은 옛 어른의 뜻을 훼손할 뿐만 아니라, 결국에는 누구에게도 이익이 없습니다.

사람들을 만나 돈교의 법을 이야기했지만 사람들이 이해하지 못하고 오히려 이 법문을 업신여긴다면 오랜 세월 동안 부처가 될 인연이 끊기게 됩니다.

선지식들이여, 제가 이야기하는 '모양 없는 노래(無相頌)'를 들어 보십시오. 미혹한 사람들의 허물을 없애주기에 '허물을 없애는 노래(滅罪頌)'라고도 합니다.

어리석은 사람은 복을 닦되 도는 닦지 않으면서
복을 닦는 것이 도라고 말하지만
베풀고 공양하는 복이 가없이 크다고 해도
마음에는 몸과 입과 뜻으로 지은 허물이 그대로 있으리

복을 닦아 허물을 없애고자 한다면
뒷날에 복은 얻겠지만 지은 허물까지 없앨까
마음 그곳을 향하여 허물 짓는 인연을 없앨 줄 안다면
각자의 청정한 마음자리에서 참된 참회 이루리

대승의 참된 참회를 깨닫는다면
삿된 일을 하지 않고 바른 일만 하여

하는 일마다 허물이 없으리니
도를 배우는 사람이 스스로 허물없는 마음을 본다면
깨달은 사람과 한가지

홍인 대사께서 후학들에게 돈교의 법문을 전하게 하심은
이 법을 배우는 사람들이 한 몸처럼 살기를 바라심이니
이 법을 배워 본래의 허물없는 몸을 찾고자 한다면
탐심과 분노 그리고 어리석음의 나쁜 인연을
마음속에서 씻어야 하리

힘써 도를 닦아야지 느긋하게 보내지 마라
아차 하는 순간 헛되이 인생을 보내고 말지니
대승의 돈교법을 만났으면
경건한 마음으로 정성스럽게 합장하고
지극한 마음으로 돈교의 도를 구하여야 하리

법문을 마치니 위사군과 관료와 스님들과 도교인 그리고 일반불자들이 "예전에 들어보지 못한 법문이다."라고 찬탄하는 말이 끊이지 않았다.

善知識 後代 得吾(悟)法者 常見吾法身 不離汝左右 善知識 將此頓教法門 同見同行 發願受持 如事(是)佛故 終身受持而不退者 欲入聖

位 然須傳(縛)受時 從上已來 嘿然而付於法 發大誓願 不退菩提 卽
須分付 若不同見解 無有志願 在在處處 勿妄宣傳 損彼前人 究(宄)
竟無益 若愚人不解 謗此法門 百劫萬劫千生 斷佛種性 大師言 善知
識 聽吾(悟)說無相頌(訟) 令汝迷(名)者罪滅 亦名滅罪頌 頌曰 愚人
修福不修道 謂言修福 而是[道] 布施供養福無邊 心中三業元來在 若
將修福欲滅罪 後世得福罪無造 若解向心除罪緣 各自性(世)中眞懺
悔(海) 若悟大乘眞懺悔(海) 除邪行正造無罪 學道之人 能自觀 卽與
悟人同一例 大師令傳此頓敎 願學之人同一體 若欲當來覓本身 三毒
惡緣心中洗 努力修道莫悠悠 忽然虛度一世休 若遇大乘頓敎法 虔誠
合掌志心求 大師說法了 韋使君官僚 僧衆道俗 讚言無盡 昔所未聞

그 모습 그대로 인연의 모습이면서 앎

　마음이 인연 밖에 따로 있어 인연의 모습을 아는 것이 아닙니다. 인연이 드러내는 모든 일들이 마음이 되면서 인연의 모습이 되므로 인연이 마음을 만들어 인연의 모습을 아는 것 같고, 모든 것을 아는 마음이 인연이기에 마음이 인연의 모습을 만들면서 아는 마음처럼 있는 것 같습니다. 인연의 모습들이 무상하게 변하는 데서 앎이 발생하므로, 앎이라는 특성을 갖고 있는 듯한 마음이 상속되어 변하지 않는 것 같고 변하지 않는 것 같은 마음이 변화를 알아차리고 있는 것 같아, 분별하는 마음이 인연 밖에서 분별된 인연들을 아는 것처럼 있다는 것이지요.

　마음이 된 인연을 『대승기신론』에서는 '지혜의 몸(智身)'이라고 하였습니다. 드러난 몸(身)의 바탕이 지혜智慧라는 것이며, 이 지혜를 '법의 몸(法身)'이라고도 합니다. 나고 죽는 일이 있는 것처럼 보이는 분별된 나와 분별된 현상 그 자체가 나고 죽는 일의 전 과정을 껴안고 있으면서 인연을 연출하고 있는 지혜의 몸, 곧 법신인 인연 그 자체라는 것입니다. 마음 또한 이와 같습니다. 마음의 작용 하나 하나에서 보면 일어나고 사라지는 일이 분명하지만, 그 모두가 마음이기에 마음은 일어나고 사라지는 것이 아닙니다. 마음 작용이 그친 듯한 깊은 잠 또한 마음의 특별한 작용일 뿐, 마음이 없어진 것이 아닙니다. 모든 것이 그 모습 그대로 인연의 모습이면서 법신인 지혜가 나타내고 있는 앎입니다.

　특별한 형상을 갖고 있지 않는 지혜의 몸을 법신이라고 하지만, 드러난 형상을 통해서도 지혜를 나타내고 있으므로 법신은 시공을 가로질러 어느 곳에나 있습니다. 따라서 마음 하나를 깨우쳐 아는 것이 다만 마음이라는 하나의 법을 깨우쳐 아는 것이 아니라, 모든 것(法)을 깨우쳐 알 수 있다고 합니다. 그러므로 허망한 기억에 흔들리지 않고(無念) 무수한 변화로 인연이 된 마음(無住)을 바로 보아, 분별된 모든 이미지(相)의 본질이 분별된 것처럼 그렇게 있지 않다는 것(無相)을 알아차린다면, 혜능 스님뿐만 아니라 모든 불보살님과 시방삼세의 모든 인연들이 항상 옆에 있는 것과 같습니다.

　드러난 모습만으로 본다면 어느 누구와도 항상 같이 있을 수 없지만, 지혜의 몸이 된 형상으로 본다면 형상에서 형상을 떠난 부처님들과 항상 같이 있는 것과 같기 때문입니다. 따라서 마음 하나 알아차리는 것이 번뇌를 여의고 열반의 상태를 이루는 것만이 아니라 번뇌의 본성과 열반의 본성이 지혜의 몸으로 관통되고 있다는 것을 알아차리는 것이 되며, 지혜의 몸과 계합한 열반으로 부처의 공덕을 온전히 이룬 것이 됩니다.

복을 구하는 마음은 번뇌를 이루는 마음

혜능 스님께서 '모양 없음(無相)'을 강조하시면서 여러 차례 '모양 없는 게송'을 일러 주시는 것도 인연이 되는 법신의 본성이 어떠한 모양에도 머물지 않으면서 인연 따라 모든 모양을 연출하고 있는 것을 알아차리게 하는 데 뜻이 있습니다.

이것을 가장 잘 표현해 내고 있는 것이 마음입니다. 따라서 마음을 보면 모든 것의 본질인 법신의 지혜를 보아 법신을 이룰 뿐만 아니라 해탈의 공덕을 이루어가는 보신의 삶과 지혜의 몸이 인연 따라 나타낸 화신의 삶을 살아가게 됩니다. 마음을 알고 지혜의 본성을 보는 하나의 사건이 삼신三身을 이루는 것과 같다는 것입니다. 그렇기에 마음을 알아차리는 것이 어떤 복을 닦는 것보다 수승하다고 강조합니다.

알아차리는 마음은 법신의 본성인 머묾 없는 지혜를 쓰게 되므로 쓸수록 번뇌가 줄어들지만, 복을 구하는 마음은 복이라는 형상과 이미지를 갖게 되어 구하면 구할수록 인생의 짐만 늘어나게 됩니다. 형상을 갖지도 않고 형상 이미지에 머무르지도 않는 법신의 지혜와 어긋나기 때문입니다. 그러므로 복을 닦는 사람을 어리석은 사람이라고 합니다. 복을 구하는 마음이 복이라는 이미지를 만들어 그것으로 욕망을 충족시키고자 하나, 이것은 욕망하는 마음만을 붙잡고 있는 것과 같아 욕망을 내려놓지 못하게 하니, 복을 구하는 마음이 번뇌를 이루는 마음이 되고 만다는 것이지요.

 복을 구하는 마음이 복을 구하는 데 그치는 것이 아니고 구하려는 욕망을 키우는 꼴이 되므로 욕망하는 마음이 마음 밖을 떠돌게 되며, 복을 얻었다 할지라도 욕망의 본질이 본래 허망하다는 것을 알지 못하므로 욕망이 자신의 현재를 늘 부족하게 만들고 맙니다. 구하는 마음이 번뇌를 만들고 있는 것입니다. 구하고자 하는 마음 씀을 내려놓는 일이 진정한 참회가 되는 까닭도 여기에 있습니다.

 복을 구하는 욕망의 허상을 꿰뚫어 보아 구하는 마음을 내려놓을 때, 갖고 있지 못해 부족하다고 여겼던 자신의 현재가 결코 부족하지 않음을 알게 되고, 그때 비로소 자신의 현재를 있는 그대로 만족할 수 있습니다. 구하는 모든 것이 다 구해진 것과 같으니 복을 구하지 않아도 충만한 복을 누리게 됩니다. 법신의 공덕이 자신의 마음자리 하나에 이미 충만한 것과 같고, 모든 인연들이 법신이 드러난 현상으로 빛난 삶을 살고 있는 것과 같습니다. 따라서 도를 배우는 사람은 항상 스스로의 마음 씀을 잘 알아차려 이미지에 머무는 마음을 내려놓고, 인연 그 자체가 되도록 해야 합니다. 이것이 진정한 참회입니다.

　마음 씀을 알아차린다는 데서 보면 특별한 공능 같지만 스스로의 마음 씀 그 자체를 알아차리는 것이므로 결코 특별하지 않고, 인연이 된 삶을 산다는 데서는 특별한 삶 같지만 인연이 의지가 되어 인연으로 나타난 삶이므로 이 삶 또한 특별한 삶이 아닙니다. 본래부터 어느 것 하나 특별하지도 않지만, 그렇기에 드러난 삶마다 그 모습 그대로 특별할 수밖에 없습니다. 그러므로 스스로를 살펴 아는 것이 삶 전체를 특별한 삶으로 만드는 것과 같습니다. 삶의 순간순간이 그 모습 그대로 공덕이 충만한 줄 아는 마음 살핌으로 더 이상 구해야 할 복도 따로 없는 줄 알고, 복을 구하는 마음조차 내려놓으니 허물 짓던 마음 또한 없어 안팎으로 온전한 참회가 이루어졌습니다.

14. 공덕 功德

위사군이 혜능 스님께 예배드리고 나서 말씀드렸다.

사군: 스님의 설법은 참으로 생각 밖입니다. 제자에게 질문이 있는데 스님께서 대자대비로 대답해 주시기를 바랍니다.

혜능 대사: 질문이 있으면 바로 물으면 되지, 거듭거듭 청할 필요가 없습니다.

사군: 스님께서 설명하신 법은 인도에서 오신 달마 대사의 가르침과 같습니까?

혜능 대사: 그렇습니다.

사군: 제가 듣기로는 달마 대사께서 양나라 무제를 만나 교화하실 적에, 양무제가 달마 대사께 "짐이 일생동안 절을 짓고 보시하고 공양하였는데 공덕이 있습니까?"라고 묻자, 달마 대사께서는 "공덕이 없습니다."라고 대답하셨습니다. 그러자 무제께서 크게 실망하고 원망하면서 달마 대사를 국경 밖으로 내보냈다고 합니다. 저는 공덕이 있는지 없는지 잘 모르겠습니다. 스님께서 잘 설명해 주십시오.

혜능 대사: 참으로 공덕이 없습니다. 그대는 달마 대사의 말씀을

의심하지 마십시오. 무제는 그릇된 가르침에 집착하여 바른 법을 몰랐습니다.

사군: 무슨 까닭에 공덕이 없습니까?

혜능 대사: 절을 짓고 보시하고 공양 올리는 것은 단지 복을 닦는 것에 지나지 않습니다. 복을 가지고 공덕功德이 된다고 할 수 없습니다. 공덕은 법신에 있는 것이지 복밭에 있는 것이 아닙니다. 인연 따라 무상하게 변하면서 인연을 자각하고 있는 청정한 마음인 스스로의 법성에 공덕이 있습니다. 따라서 인연 따라 무상하게 변하면서 모든 것을 껴안고 있는 청정한 마음의 성품을 보는 것이 공功이 되며, 평등하고 곧은 마음을 쓰는 것이 덕德이 됩니다.

그러므로 안으로는 연기의 각성인 불성佛性을 보고 밖으로는 공경함을 실천하도록 하십시오. 만약 다른 사람들을 가벼이 여기고 아상我相을 끊지 못하면 스스로에게 아무런 공덕이 없으며, 아상의 본질이 허망하므로 나를 위해 공덕을 짓는다고 하면 법신에도 공덕이 없는 것과 같습니다. 그러므로 생각마다 덕을 실천하고 모든 사람을 평등하게 여기면서 깨달음을 구해 그들의 아픔을 치유하려는 마음을 잊지 않아야 합니다. 이런 마음으로 짓는 덕은 결코 가볍지 않습니다. 그러니 항상 모든 사람을 공경하십시오.

이런 마음으로 스스로 몸을 닦는 것은 공功이 되고, 마음을 닦는 것은 덕德이 됩니다. 공덕은 스스로의 몸과 마음으로 짓는 것입니다. 이처럼 복과 공덕은 다른데, 무제는 그와 같은 바른 이치를 알지 못하고서 달마 대사의 대답에 원망하는 마음을 가진 것이니, 그것은 달마 대사의 허물이 아닙니다.

使君 禮拜 自言 和尙說法 實不思議 弟子嘗(當)有少疑 欲問(聞)和尙 望「意」和尙 大慈大悲 爲弟子說 大師言 有疑(議)卽問(聞) 何須再三 使君問(聞)法 可不「不」是西國第一祖達磨祖師宗旨 大師言是 弟子見說 達磨大師化(伐)梁武帝(諦) 問達磨 朕 一生已(未)來 造寺布施供養 有「有」功德否 達磨答言 並無功德 武帝惆悵 遂遣達磨 出境 未審此言 請和尙說 六祖言 實無功德 使君「朕」勿疑達磨大師言 武帝著邪道 不識正法 使君 問 何以無功德 和尙 言 造寺布施供養 只是修福 不可將福 以爲功德 [功德] 在法身 非在於福田 自法性 有功德 [見性 是功] 平直是德 [內見]佛性 外行恭敬 若輕一切人 吾(悟)我不斷 卽自無功德 自性虛妄 法身 無功德 念念德行 平等直(眞)心 德卽不輕 常行於敬 自修身 卽功 自修「身」心 卽德 功德 自心作 福與功德別 武帝不識正理 非祖大師有過

집착을 내려놓은 곳에 차오르는 복덕

수행을 한다는 것은 자신의 삶이 언제나 열반으로 살아나도록 하는 것입니다. 어떤 순간 깨달음을 경험하고 경험한 깨달음을 갖고 있는 것이 아닙니다. 어느 순간이든 그 순간의 삶이 자신의 전존재全存在여야 합니다. 순간의 삶 밖에 다른 양상의 삶이 기다려져서는 안 됩니다. 오직 알아차리는 한 순간의 삶이 중생도 떠나고 부처도 떠나 있는 삶이면서 온전한 삶인 줄 알고, 중생과 부처가 인연으로 하나 된 데서 삶이 온전하게 이루어지고 있는 것을 아는 삶이어야 합니다.

깨어 있는 순간들의 삶이 온전한 자신을 사는 것이며 삼세를 깨달음으로 만드는 것입니다. 인연을 관통하면서 하나 된 다름들이 다른 모습 그대로 부처가 되는 하나의 삶이지요. 이와 같은 삶은 구해서 이루어진 것도 아니고, 부족하다 여긴다고 부족해질 수 있는 것도 아닙니다. 구하여 이루고자 하는 마음도 내려놓고 부족하다 여기는 마음도 내려놓는 그 자리가 바로 이미 이루어진 자리이며 만족된 삶인 줄 여실하게 알 뿐입니다. 여실하게 아는 삶을 깨닫지 못한 삶과 비교하여 깨달은 삶이라고 말할 수는 있지만, 깨달은 마음은 모든 이미지를 허물고 허문 이미지조차 갖고 있지 않으므로 언제나 그렇게 깨닫고 있었다고 할 수도 있고, 온전한 청정이 이루어졌다고 할 수도 있고, 무상한 인연이므로 언제나 다르다고 할 수도 있습니다.

어느 것도 있음의 주체가 아니면서 어느 것이나 주체가 되는 있음이므로 주체도 있음도 무엇이라고 할 수 없습니다. 어느 것도 아니면서 어느 것이나 될 수 있는 무상한 인연이야말로 충만함의 본질입니다. 수행으로 충만한 덕이 보신報身의 본질이면서 그 덕이 진실한 법이 되는 까닭도 법계의 인연을 있는 그대로 사는 것보다 더 충만한 덕이 없기 때문입니다. 그러므로 비어 있음의 충만함을 여실하게 알지 못하고, 복을 짓고 덕을 쌓아 좋은 미래를 기대하는 것은 온전한 복과 덕일 수 없습니다. 만들어지고 허물어지는 복덕이므로 마침내는 복도 덕도 될 수 없습니다. 허물어지는 복덕으로는 자신의 전존재를 온전히 갈무리할 수 없습니다. 뒷날 좋은 과보를 받는 것이 사실일지라도 만들어진 한계를 벗어날 수 없기 때문에 궁극적인 덕이 될 수 없다는 뜻입니다.

그러므로 만들어지는 것도 아니고 허물어지지도 않는 복덕을 구해야 합니다. 그것은 구하는 마음을 내려놓는 것입니다. 내려놓는 순간 복도 없고 덕도 없는 듯한 자신의 존재가 갑자기 복덕으로 가득 찬 것처럼 보일 것입니다. 나의 것이라는 집착을 내려놓은 곳에 차오르는 복덕은 이웃 존재들과 소통하며 자신의 존재성을 우주로 확장시킵니다. 마음 비움이 단순히 마음만을 비우는 게 아니라, 비운 그 마음에 담겨 있는 따뜻한 기운이 먼저 자신을 충만하게 하고 나아가 존재들의 관계망까지도 맑고 따뜻하게 하여, 자신과 이웃이 함께 맑고 따뜻한 기운으로 가득하게 되기 때문입니다.

비운 마음이 복이 되고 나누는 마음이 덕이 되니

그러므로 손안에 갖는 것을 복으로 삼을 것이 아닙니다. 소유하는 순간은 손안에 든 것 같지만, 손안에 든 물처럼 손가락 사이로 빠져나갈 것이니 늘 부족한 상태가 됩니다. 나의 것이라는 생각을 내려놓고 움켜쥐었던 손을 펴야 합니다. 순간 아무런 복도 없는 것 같은 그곳에 함께한 이웃들의 선물에 의해서 자신의 존재가 빛나게 될 것이며, 빛나는 존재의 빛이 이웃에게 선물이 되어 함께 빛나는 삶을 살게 될 것이니, 마음 비움과 마음 나눔이야말로 무엇과도 비교할 수 없는 복과 덕이 됩니다.

비운 마음이 복이 되고 나누는 마음이 덕이 되는 것은 마음의 본바탕이 그렇고 진실한 삶에 근거한 복과 덕이 그렇기 때문이며, 무상한 인연인 마음은 모든 것을 만들면서 동시에 머묾 없이 해체하여 새로운 인연을 열어가므로, 마음조차 자신이 만든 것을 갖고 있을 수 없기 때문입니다. 가지려는 마음을 내려놓는다는 것은 만들어 갖고 있는 이미지에 집착하는 분별을 쉰다는 뜻입니다. 분별을 쉰 마음은 갖지도 않지만 버리지도 않습니다. 생사를 버리지도 않고 열반을 취하지도 않으며, 생사에도 머물지 않고 열반에도 머물지 않습니다.

열반조차 취하지 않는 마음이 법신의 공덕이며 청정한 마음의 본래 모습입니다. 이미지의 분별로는 잡히지 않기에 깊은 저 곳 어딘가에 감추어진 것 같으나, 이웃들과 막힘없이 통하면서 분별로 인연을 만들어 내므로, 크나큰 자비가 드러난 깊음입니다. 드러난 자비 나눔이 깊은 것 가운데 깊은 마음이지만, 이 마음은 늘 온갖 인연으로 드러나니 늘 보던 마음이 바로 공덕을 다 드러낸 마음입니다.

특별한 일을 하여야 덕을 쌓는 것이 아닙니다. 법신의 흐름인 인연이 이루어지고 있는 그 길(道)과 함께하는 것이 온갖 공덕을 짓는 것이며, 흐름 속에 어느 것 하나 고집하지 않는 마음이 덕을 쌓는 것입니다. 공덕조차 집착하지 않으니 공덕도 따로 없고 공덕을 베푸는 나도 없습니다. 무엇 하나 그것으로 존재하지 않지만 어느 것이든 공덕이 되어 법신의 자비를 나누고 있으니, 인연들의 어울림이야말로 공덕 가운데 공덕이며 신비 가운데 신비입니다.

15. 서방 극락세계 西方

사군이 예배하고 나서 물었다.

사군: 스님과 도인 그리고 신도들이 서방정토 극락세계에 가기를 원하면서 항상 아미타불을 외우고 있는 것을 보았는데, 그렇게 하면 그곳에 갈 수 있습니까?

혜능대사: 사군, 그대에게 설명해 줄 테니 잘 들으십시오. 세존께서 사위국에 계실 때 서방정토 극락세계를 설명하시어 많은 대중들을 깨달음으로 인도하시고자 하셨습니다. 그 말씀이 경전의 가르침으로 전해지고 있는데, 경전에서는 분명히 서방정토 극락세계가 여기서 멀지 않다고 하셨습니다. 다만 근기가 낮은 사람들을 위하여서는 멀다고 하셨고, 근기가 뛰어나고 지혜가 있는 사람들을 위하여서는 가깝다고 하셨지요.

　사람의 근기로 보면 크게 두 부류가 있을 수 있지만, 가르침의 본질에서 보면 다르지 않습니다. 다만 미혹함과 깨달음으로 보면 다름이 있고, 견해를 갖추는 데서는 느리고 빠름이 있습니다. 미혹한 사람은 염불수행으로 극락정토에 태어나고자 하고, 깨달은 사람은 스스로 자신의 마음을 청정하게 합니다. 이런 까닭에 부처님께서는 마음이 청정함에 따라서 부처님의 국토도 청정하다고 하셨습니다.

　사군이시여, 동방이라고 할지라도 마음이 청정하면 허물이 없고, 서방이라고 할지라도 마음이 청정하지 못하면 허물이 있습니다. 미혹한 사람은 서방정토에 태어나기를 원하지만 동방이나 서방이나 사람이 산다는 데서는 같습니다. 마음이 청정하면 서방도 여기서부터 멀지 않고, 마음에서 청정하지 못한 생각이 일어나면 염불하여 극락정토에 가려 해도 그곳에 가기 어렵습니다. 열 가지 나쁜 일을 하지 않는다면 십만 리 길을 간 것과 같고, 여덟 가지 그릇된 일을 하지 않는다면 팔천 리 길을 지나간 것과 같으나, 깨달음을 구하고 모든 사람들의 아픔을 껴안으려는 마음인 곧은 마음(直心)을 실천한다면 손가락 한 번 튕기는 사이에 극락정토에 도달할 것입니다.

　사군이시여, 열 가지 좋은 일을 실천하기만 하면 되지 새삼스럽게 서방정토에 태어나기를 원할 필요가 있으며, 열 가지 나쁜 마음을 끊지 않는다면 어떤 부처님께서 그를 마중하겠습니까? 만약 모든 것이 연기 그 자체로 공空하기 때문에 본래부터 생사가 없음을 깨닫고, 무상한 인연 속에 연기의 무상이 앎이 되어 어느 것에도 매임 없는 알아차림을 하고 있는 것이 청정한 마음임을 알고, 모든 분별을 넘어서 그 모두를 껴안고 작용하고 있는 마음 작용마다 마음 그 자체가 드러나고 있는 것을 단박에 깨닫는 법을 듣고 '생사가 없는 마음(無生)'을 깨닫는다면 서방을 보는 것도 찰나에 가능합니다. 그러나 돈교의 대승을 깨닫지 못한다면 염불할지라도 서방정토에 가는 길은 멀기만 할 것이니 어찌 갈 수 있겠습니까?

　내가 그대에게 찰나 간에 서방정토에 도달하는 것을 눈앞에서 보여줄 테니 한 번 보겠습니까?

사군이 예배를 드리고 나서 말씀드렸다.
사군: 여기에서 볼 수 있다면 어찌 정토에 태어날 필요가 있겠습니까? 원컨대 자비로운 마음으로 서방정토를 보여주시면 정말 좋겠습니다.
혜능대사: 그렇다면 서방정토를 보여줄 테니, 보고 나서는 쓸데없이 의심하지 마십시오. 자! 그럼 모두 흩어지십시오.

이 말을 들은 대중 모두는 깜짝 놀라면서 무슨 일인지 몰랐다. 그러자 대사께서 대중들에게 말씀하셨다.
혜능대사: 대중들이여, 주의를 기울여서 잘 들으십시오 우리들의 몸은 성城과 같고 눈·귀·코·혀·몸은 성문과 같습니다. 밖으로는 다섯 문이 있고 안으로는 의意의 문이 있습니다. 거울같이 모든 것을 받아들이는 마음은 땅과 같고 '알아차리는 마음의 성품'은 왕과 같습니다. 그러므로 마음의 성품이 있어야 왕도 있을 수 있고, 마음의 성품이 사라진다면 왕 또한 있을 수 없습니다. 이와 같이 성품이 있어야 몸과 마음도 있을 수 있고, 성품이 없어진

15. 서방 극락세계　163

다면 몸과 마음도 허물어집니다.

　부처는 알아차리는 마음의 성품이 만드는 것이니 몸 밖에서 찾아서는 안 됩니다. 알아차리는 마음이 경계에 미혹하면 부처가 중생이 되고, 알아차리는 마음이 알아차리는 각성을 자각해 깨달으면 중생이 부처가 됩니다. 자비로운 마음은 관음 보살이고, 기뻐하고 평정한 마음은 대세지 보살이며, 청정하게 할 수 있는 마음은 석가모니 부처님이며, 평등한 마음과 깨달음을 구하면서도 아픈 이웃을 껴안는 마음은 미륵 보살입니다. 아상을 갖는 자아의식은 수미산이며, 삿된 마음은 큰 바다며, 번뇌는 파도며, 독한 마음은 나쁜 용이며, 경계에 의해서 피로해진 마음(塵勞)은 고기와 자라며, 허망한 마음은 귀신이며, 탐진치 삼독은 지옥이며, 어리석은 마음은 축생이며, 열 가지 좋은 일을 하는 마음은 천당입니다.

　아상을 세우는 자아의식이 없는 마음은 수미산이 스스로 엎어지는 것이며, 삿된 마음을 없애면 바닷물이 마르고, 번뇌가 없으면 파도도 그치며, 독한 마음으로 해치려는 생각이 없으면 고기와 용도 없어집니다. 스스로의 마음자리에서 작용하고 있는 '마음의 알아차리는 특성', 곧 '각성의 본래 모습인 여래'가 큰 지혜를 방출하여 광명을 밝게 비추니 눈 등의 여섯 문이 청정하게 되고, 욕망이 모든 것의 본질이 된 세계인 욕계의 위에 있는 여섯 하늘까지도 그 빛을 비추어 여섯 하늘 세계를 없애고, 욕계의 아래 세계를 비추어 삼독심을 없애면 지옥 또한 한꺼번에 없어지게 됩니다. 이렇게 되면 안팎이 밝게 통하여 어느 곳이든 서방정토와 다름이 없습니다. 그러니 이와 같은 수행을 하지 않고 어떻게 서방정토에 이르겠습니까?

법문을 들은 대중들이 대사의 법문을 찬탄하는 소리가 하늘에 사무쳤으며, 미혹한 사람들도 분명하게 서방정토를 볼 수 있었다. 사군이 예배를 드리고 참으로 훌륭하고 훌륭한 법문이라고 찬탄하고 나서, 이 법문을 들은 우주 법계의 중생들이 한시에 깨닫게 되기를 발원하였다.

使君 禮拜 又問 弟子見僧道俗 常念阿彌陀(大)佛 願往生西方 請和尚說 得(德)生彼否 望爲破疑 大師言 使君 聽 惠能 與說 世尊 在舍衛國 說西方引化 經文 分明 去此不遠 只爲下根 說遠(近) 說近(遠) 只緣上智 人自兩(雨)種(重) 法無不[同] 迷(名)悟有殊 見有遲疾 迷人 念佛生彼 悟者 自淨其心 所以佛言 隨其心淨 則佛土淨 使君 東方 但淨心無罪 西方 心不淨 有愆 迷人 願生 東方西方(者) 所在處並皆一種 心但無不淨 西方 去此不遠 心起不淨之心 念佛往生難到 除十惡 卽行十萬 無八邪 卽過八千 但行直(眞)心 到如彈(禪)指 使君 但行十善 何須更願往生 不斷十惡之心 何佛 卽來迎請 若悟無生頓法 見西方 只在刹那 不悟頓教大乘 念佛 往生路遙 如何得達 六祖言 惠能 與使君 移西方刹那間(問) 目(日)前便見 使君 願見否 使君 禮拜 若此得見 何須往生 願和尚 慈悲 爲現西方 大善 大師言 唐見西方無疑 卽散 大衆 愕然

莫知何事(是) 大師曰 大衆 大衆 作意聽 世人 自色身 是城 眼耳鼻舌身 卽是城門 外有五(六)門 內有意門 心卽是地 性卽是王 性在王在 性去王無 性在身心存 性去身[心]壞 佛是自性作 莫向身[外]求 自性 迷 佛卽衆生 自性 悟 衆生 卽是佛 慈悲 卽是觀音 喜捨 名爲勢至 能淨 是釋迦 平直(眞) 是彌勒 人我 是須彌 邪心 是大海 煩惱 是波浪 毒心 是惡龍 塵勞 是魚鱉 虛妄 卽是神鬼 三毒 卽是地獄 愚癡 卽是畜生 十善 是天堂 無人我(我無人) 須彌自倒 除邪心 海水竭 煩惱無 波浪滅 毒害除 魚龍絕 自心地上 覺性如來 放(施)大智慧 光明 照耀 六門 淸淨 照破(波)六欲諸天 下照 三毒 若除 地獄 一時消滅 內外明徹 不異西方 不作此修 如何到彼 座下聞(問)說 讚聲 徹天 應是迷人 了(人)然便見 使君 禮拜 讚言善哉善哉 普願法界衆生 聞者一時悟解

마음 하나가 곧 무량한 생명의 온전한 대물림

일어나고 사라지는 하나의 마음은 단지 하나의 마음이 아닙니다. 마음마다 시대의 모든 인연과 역사의 흔적을 다 담아 하나의 마음으로 일어나고 사라집니다. 일어나고 사라지는 흐름은 잠시도 멈춰 있는 순간이 없으니 일어나는 일도 사라지는 일도 있을 수 없습니다. 일어나되 있음(有)으로 멈추어 있지 않으니 일어남이 사라짐과 같을 수밖에 없고, 사라지되 없음(無)으로 멈추어 있지도 않으니 사라짐 또한 일어남과 같이합니다.

일어남이 사라짐과 같이할 수밖에 없고 사라짐도 일어남과 같이 하므로, 일어난다거나 사라진다는 하나의 마음만으로는 현재를 잡을 수 없습니다. 일어남과 사라짐이 함께하면서 알아차리고 있는 지금 여기의 인식이 언제나 현재라고 할 수 있습니다. 끊임없이 변해가는 순간들의 이미지로는 어떤 이미지도 형상할 수 없고, 어떤 형상으로도 머물지 않는 현재는 언제나 과거와 미래를 넘어선 절대 현재라고 할 수 있습니다. 오직 흐르는 현재, 곧 머묾 없는 현재가 하나의 마음으로 일어나고 사라지면서 삼세를 담고 있습니다. 그래서 하나의 마음은 언제나 머묾 없는 현재의 순간이면서, 그대로 과거와 미래를 무한히 살고 있는 한 마음이 됩니다. 그러므로 마음 하나가 곧 무량한 생명의 온전한 대물림이라고 할 수 있습니다.

따라서 마음 하나 살펴 아는 그 마음은 한량없는 생명을 담아내는 알아차림이 됩니다. 알아차리면서 기억되는 것에 의해서 과거·현재·미래가 있을 수 있는 까닭도 여기에 있습니다. 존재의 한 순간은 앎으로 드러나는 인연의 모습이면서, 그 모습으로 기억을 형성해 삼세를 만들기 때문에 순간이면서 한량없는 생명의 세계가 대물림된다는 것이지요.

기억이 없다면 생명의 흐름도 없는 것과 같아 무량함과 상대할 순간 또한 있을 수 없고, 순간의 인연으로 삼세를 담아내는 알아차림이 없다면 순간과 상대할 무량함 또한 있을 수 없습니다. 기억과 알아차림이 하나의 마음 작용이면서 현재를 넘어서 한량없는 삼세를 이룰 수 있고, 한량없는 삼세가 정지된 순간처럼 현재를 이룰 수 있습니다. 온전한 알아차림이야말로 머묾 없는 현재를 영원히 사는 일이 되면서, 동시에 기억된 과거를 넘어서 과거와 미래조차 현재에 담아내는 순간이 되게 합니다.

그러므로 순간의 마음을 떠나서 영원을 사는 마음이 따로 없고, 영원을 사는 마음이 순간의 마음으로 드러나지 않는 경우도 없습니다. 일상에서 쓰고 있는 그 마음이 바로 순간과 영원을 동시에 살고 있는 마음입니다. 다만 순간을 위해 그 모습만을 기억하고 있는 기억의 특성을 잘 살펴 알지 못한다고 하면, 순간 밖에 영원이 따로 있는 것 같아 순간의 현재를 온전히 살지 못하게 됩니다. 또한 순간 밖에 영원이 따로 없기에 영원을 바라면서 영원을 등지는 기억과 알아차림이 되고 맙니다.

알아차리는 마음 그대로가 법신의 공덕

앞서 말씀드렸듯이 복을 지어 손안에 잡고 있으면서 그것으로 영원을 살려고 하는 것은 손으로 물을 움켜쥐고 있으면서 그 물이 영원히 존재하기를 바라는 것과 같아 결코 공덕의 세계에 들 수 없습니다. 공덕은 기억된 마음으로 지어 갖고 있을 수 있는 것이 아닙니다. 갖고 있다고 여기는 마음은 있을 수 있지만 살펴보는 순간 이미 손가락 사이로 빠져버린 물처럼 남아 있지 않습니다.

오직 법신의 앎과 흐름에 계합하는 기억과 알아차림만이 공덕이 됩니다. 공덕이 된 기억과 알아차림에서는 기억도 과거의 흔적으로 현재를 재현하는 기억에 머물지 않고, 기억으로 드러나는 현재도 한량없는 생명의 지혜가 되며, 순간을 취해 이미지를 만들어 분별하는 현재의 알아차림도 분별을 넘어서는 흐름과 같이하므로 분별된 이미지에 머물지 않는 앎이 됩니다. 이와 같은 앎은 순간을 온전히 알면서도 영원을 사는 앎으로 법신의 공덕인 지혜의 작용이 됩니다.

　마음 작용 하나마다 숨어 있는 듯 작용하는 법신의 공덕을 알아차린다는 것은, 법신의 공덕을 알아차린다는 것이 아니라 알아차리는 마음 그대로가 법신의 공덕이 되는 것을 뜻합니다. 마음 하나를 온전히 알아차리는 앎은 머묾 없는 인연의 흐름과 상응하는 앎으로 법신의 지혜로 알아차리고 있는 마음이기 때문입니다. 분별된 이미지에 머물러 있는 앎의 허구가 사라진 것입니다. 분별된 이미지(相)에 머물러 있는 앎은 번뇌를 만들어 갖고 있는 것과 같은데, 법신의 지혜가 된 앎은 이미지의 허구를 알아 허상에 매이지 않게 되므로, 만들어 갖고 있는 모든 번뇌를 한 순간에 떠나게 됩니다. 번뇌의 차안此岸에서 번뇌 없는 열반의 피안彼岸에 이르는 것이 마음의 작용 하나를 반조해 알아차리는 그곳에서 단박에 이루어지는 것이지요. 그러므로 마음의 청정성을 깨닫는다면 서방정토 극락세계를 찰나 간에 도달한다고 하였습니다. 서방정토를 찾아가는 것이 아니라 서방정토가 된 마음이 서방정토이기 때문입니다.

16. 수행 修行

혜능 대사: 선지식들이여, 수행하고자 한다면 출가하지 않고서도 가능합니다. 출가하여 절에 있어야만 수행이 되는 것이 아닙니다. 출가하여 절에 있다고 하더라도 수행하지 않는다면 서방에 있으나 마음이 나쁜 사람과 같고, 출가하지 않고서도 수행 정진한다면 동방에 있으나 착한 일을 하는 사람과 같습니다. 제가 선지식들께 원하는 것은 있는 곳에서 마음을 청정하게 닦으라는 것입니다. 청정함을 닦는 마음이 바로 서방정토 극락세계입니다.

사군: 집에 있으면서 어떻게 닦는지 가르쳐 주십시오.

혜능 대사: 선지식들이여, 제가 출가한 사람과 집에 있는 사람들을 위하여 '모양 없는 노래(無相頌)'을 지어 드리니 모두들 외우시고, 이 노래에 의지하여 수행하십시오. 그러면 언제 어디서나 저와 함께 있는 것과 같습니다.

설법에도 통달하고 마음에도 통달하니
태양이 하늘 한가운데 있는 것 같구나
오직 청정한 마음을 단박에 깨닫는 법을 전해 받고

세상에 나아가 그릇된 가르침을 고칠지어다

가르침에는 단박에 깨닫는 가르침과
점차로 깨닫는 가르침이 없지만
미혹함과 깨달음에는 빠르고 더딤이 있으니
단박에 마음 그 자체를 깨닫는 법을 배운다고 하면
어리석은 사람도 미혹하지 않게 되리

설명하자면 천차만별이지만
합하면 하나로 돌아가니
번뇌의 어두움 가운데서도
항상 지혜로운 태양을 빛나게 할지어다

삿된 마음은 번뇌로 말미암아 발생하고
마음이 바르게 되면 번뇌가 없어지나
삿된 마음도 쓰지 않고 바른 마음도 쓰지 않으면
온전한 청정이 되어 완전한 열반(無餘涅槃)에 이르리

보리는 본래부터 청정하고
생각을 일으키는 것은 허망한 것이지만
청정한 성품 또한 허망한 마음속에 있으니
바르기만 하다면 삼독의 장애가 없어지리

세간에서 도를 닦는다 해도
모든 것이 방해하는 것은 아니니
항상 자신의 허물을 살펴본다면
도와 더불어 함께하리라

형상이 있는 모든 것에는 그 나름의 도가 있거늘
그 도를 떠나서 다른 도를 찾고 있으니
도를 찾으면서 도를 보지 못하고
도리어 스스로 괴로워만 하는구나

도를 찾고자 하거든
마음을 바르게 할 뿐이다
바른 마음이 없다면
어둠 속을 헤맬 뿐 도를 보지 못한다

진실로 도를 닦는 사람이라면
세간의 어리석음을 보지 않는다
세간의 그릇됨을 본다는 것은
스스로의 그릇됨이 좌우에 있는 것이다

다른 사람의 그릇됨도 나에게 있는 허물이고
나의 그릇됨은 스스로의 허물로 있으니

그릇된 마음을 비우기만 하면
번뇌를 타파하여 부순 것이다

어리석은 사람을 교화하려면
반드시 방편이 있어야 하나
그렇다고 그들의 의문을 깨뜨리려 하지 마라
의문하는 그 마음이 연기의 각성이 나타남이다

진리는 원래부터 세간에 있고
세간에 있으면서도 세간을 넘어서니
세간을 떠나지도 말고
밖으로 세간을 넘어서는 세계를 구하지도 마라

삿된 견해가 세간이요
바른 견해가 세간을 넘어선 것이나
삿됨과 바름을 함께 넘어선다면
깨달음인 연기의 각성이 분명하게 드러나리

이것이 돈교며 또한
대승이니
모르면 그 세월이 한없이 기나
알면 찰나 간

大師言 善知識 若欲修行 在家 亦得 不由在寺 在寺不修 如西方心惡
之人 在家若修行 如東方人修善 但願自家修淸淨 卽是西(惡)方 使
君 問 和[尙] 在家如何修 願爲指授 大師言 善知識 惠能 與道俗作無
相頌 盡誦取 依(衣)此修行 常與惠能「說」一處無別 頌曰 說通及心通
如日至虛空 惟傳頓敎法 出世破邪宗 敎卽無頓漸 迷悟有遲疾 若學頓
敎法 愚人 不可迷 說卽雖(須)萬般 合離還歸一 煩惱暗宅中 常須生慧
(惠)日 邪來因煩惱 正來煩惱除 邪正俱(疾)不用 淸淨至無餘 菩提本
淸淨 起心卽是妄 淨性在(於)妄中 但正 除三障 世間 若修道 一切盡
不妨 常現在己過 與道卽相當 色類自有道 離道別覓道 覓道不見道
到頭還自懊 若欲貪覓道 行正 卽是道 自若無正心 暗行不見道 若眞
修道人 不見世間愚 若見世間非 自非却是左 他非 我有罪 我非 自有
罪 但自去非心 打破煩惱碎 若欲化愚人 是須有方便 勿令破彼疑 卽
是菩提見 法元在世間 於世 出世間 勿離世間上 外求出世間 邪見是
(出)世間 正見 出世間 邪正 悉打却 菩提性宛然 此但是頓敎 亦名爲
大乘 迷來經累劫 悟則刹那間

형성된 것들은 허구 가운데 허구

일어나고 사라지는 하나의 생각은 시방삼세의 인연을 다 담아
그렇게 형성된 것입니다. 형성된 연유에서 보면 그 외에 다른 시방
삼세가 없지만, 형성된 것이기에 본질적이지 못합니다. 형성하는

주체가 있는 듯하기 때문이며, 실상에서 보면 형성하고 있는 듯한 마음 작용조차 본질적이지 못하기 때문입니다. 형성된 것들은 허구 가운데 허구입니다. 그렇지만 한 번 형성된 마음의 결들은 쉽게 변하지도 않을 뿐만 아니라, 그 결에 따라 삶의 길이 만들어지고 있으므로 어느덧 삶의 중심축이 되고 맙니다.

형성된 마음결들이 자신의 삶에 드리운 그림자를 보게 되기까지는 겪게 되는 아픔이 커져가고, 아픔이 커져야 허구가 보입니다. 형성된 마음결들이 마음조차 소외시키고 있는 현실을 있는 그대로 보게 될 때, 형성된 것과 형성하고 있는 마음 양쪽 어느 것도 그것으로 존재하지 않는다는 것을 알게 됩니다. 이때가 되어야 비로소 갖고 있던 마음의 짐을 내려놓을 수 있습니다. 내려놓을 짐이 따로 있는 것이 아니라 형성된 것들의 허구성을 아는 것이 짐을 내려놓는 것입니다. 내려놓고 보면 내려놓은 짐이 따로 없고, 무상한 인연의 변화가 그대로 마음결이 되므로 특정한 마음결을 가질 수도 없다는 것을 알게 됩니다.

앞서 말씀드렸듯이 눈과 형색이 만나 눈의 마음(眼識)이 일어나고, 귀와 소리가 만나 귀의 마음(耳識)이 일어나며, 코와 향기가 만나 코의 마음(鼻識)이 일어나며, 혀와 맛이 만나 혀의 마음(舌識)이 일어나며, 몸과 감촉된 것이 만나 몸의 마음(身識)이 일어나며, '생각의 도구인 분별된 이미지(法)를 만들어 언어화하는 의意'와 '만들어 기억하여 갖고 있는 이미지(法)'가 만나 '의意의 마음인 의식意識'이 일어나는데, 이 가운데 '안다는 사실'을 제외한 어떤 것도 변하지 않는 것이 없습니다.

　이 말은 변하는 것이 아는 것이 된다는 것입니다. 마음이 있어 무엇을 아는 것 같지만, 의식하는 마음 또한 인연에 의해 만들어진 마음이라는 것입니다. 오직 인연의 흐름인 무상한 변화야말로 만들어진 것이면서 동시에 만들어지지 않는 것입니다. 또한 '무상한 변화'가 앎이 되므로 '변화하는 모습'들 자체는 앎이 아닌 듯하지만, 변하는 모습들이 없다면 앎이 일어날 수 없고, 앎이 일어나지 않는다면 변한다는 뜻도 있을 수 없으니, 앎이면서 변화이며 변화이면서 변화한 모습이 됩니다. 변화가 변하지 않는 앎을 만든 것과 같고, 변하지 않는 앎이 변화를 만들어 인연을 연출한 것과 같으므로, 변하면서 변하지 않고 변하지 않으면서 변한다고 할 수 있습니다.

　또한 변화에 의해서 시공간의 이웃 항들을 이해할 수 있으니 무상한 현재의 한 순간이 앎이 되면서 시방삼세를 형성한다고 할 수 있습니다. 인연의 흐름이 다름을 형성하면서 동시에 형성된 인연의 모습에 머물지 않기에 시간과 공간이 이루어진다는 것입니다. 이웃 항들과의 다름에서 시방의 공간이 형성되고, 무상한 흐름에서 삼세의 시간이 형성된다는 뜻입니다.

존재하는 모든 것들에 그 스스로의 길이 있다

　인연의 흐름이 매 순간 다르게 나타나는 모습들을 만들어 시공간을 연출하므로, 연출된 시공간 속에 다른 모습들이 있다고 아는 앎이 일어날 수 있고, 다름이라는 뜻 속에 들어 있는 이웃 항들 때문에 다르다는 앎의 기억이 있을 수 있다는 것이지요. 안다는 사실은 필연적으로 다른 모습들을 분별하고 비교하면서 무엇으로 알 수밖에 없다는 것입니다. 그러므로 마음 하나를 알아차리는 것은 순간의 현재를 온전히 알아차리는 것이면서 동시에 인연의 전체를 다 아는 것과 같다고 할 수 있습니다. 때문에 수행한다는 뜻이 마음을 닦는 것일 수밖에 없습니다. 마음 밖의 다른 곳을 찾아 수행한다고 하는 것이 어긋난 출발일 수밖에 없는 까닭도 여기에 있습니다.
　그렇지만 안다는 특성만 놓고 본다면 인연이 만든 분별상들을 비교하여 다른 것으로 알 수밖에 없는 한계가 있고, 그렇게 알려진 것들의 비교에서 시공간의 모든 것들이 형성되기 때문에, 기억으로 형성된 분별상들을 내려놓지 않는다면 안다는 본질을 알아차리기 어렵게 됩니다.
　따라서 수행한다는 것이 마음을 닦는 것이지만, 마음을 특정한 상태가 되도록 닦는 것일 수 없습니다. 특정한 것 또한 분별상 가운데 하나에 지나지 않기 때문입니다. 머묾 없는 앎의 본질인 인연 그 자체가 되는 마음을 걸림 없이 쓰는 것이 수행입니다. 형성된 기억을 좇거나 습관이 된 마음결을 따라 패턴화된 의식의 통로를 따르지 않고, 그저 지켜보고 알아차리면서 보고 아는 현재의 앎이 인연이 되도록 하는 것이며, 인연 따라 걸림 없는 마음 길을 가는 것입니다.

　인연 따라 평화로운 마음과 지혜로운 판단의 길을 만드는 것과 같지요. 이와 같이 마음 길을 가는 것은 무상한 인연을 알아차리면서 인연 그 자체가 되기 때문에 어느 모습으로도 나타나지만, 인연 그 자체가 무상하기에 어느 것에도 머물지 않습니다. 마음 길마다 다른 모습들을 형성하면서 동시에 형성된 모습들을 해체하여 시공간을 만들고 있는 인연에 수순하는 것입니다.

　머묾 없는 알아차림으로 인연에 수순한 마음 길을 가는 것이 수행하는 마음이지만, 이 마음은 인연 그 자체가 되는 마음이기에 수행으로 만들어지는 마음이 아닙니다. 수행을 성취한 마음을 형성된 마음결로부터 자유로운 마음이 됐다는 뜻에서 보면 점차 자유로운 마음이 되어가는 것 같아 만들어지는 것 같기도 하지만, 인연이 된 마음 자체가 원래 어느 것에도 머물지 않기 때문에 만들 수도 없고 만들어 가질 수도 없어, 마음을 닦는 것은 언제나 단박에 이루어질 수밖에 없습니다. 순간이라고 말할 수도 없는 순간이 존재의 총상이기에 존재하는 모든 것은 순간순간 완성된 존재일 수밖에 없기 때문이며, 무상한 인연이 깨달음조차 단박에 깨닫게 하면서 존재의 실상을 드러내기 때문입니다.

　혜능 스님께서 단박에 깨닫는 법을 전하면서, 존재하는 모든 것들에 그 스스로의 길(道)이 있다고 하였으며, 이 길 말고 다른 길을 찾는다고 하는 것은 길 위에 있으면서 길을 찾는 것과 같아 스스로를 괴롭게 할 뿐이라고 하였습니다. 길을 찾으려고 이리저리 헤매는 것이 수행이 아니라 찾는 그 마음을 바르게 하는 것이 길을 찾는 것이며 진정한 수행이라고 말씀하신 것이지요.

마음을 바르게 한다는 것은 그릇된 마음과 상대한 바른 마음을 만든다는 것이 아닙니다. 모든 것을 관통하고 있는 듯한 인연의 앎, 곧 마음의 본바탕인 밝은 지혜가 분명하게 작용하고 있는 것을 뜻합니다. 분별된 모습들을 기억하여 갖고 있는 이미지가 허구인 줄 알아차려 형성된 이미지에 매이지도 않아야 하지만, 분별된 이미지가 현재의 인연을 관통하고 있는 앎일 수밖에 없다는 것도 알아차려야 합니다.

이와 같이 알아차리는 마음, 곧 분별에도 매이지 않고 분별없음에도 매이지 않는 지혜로운 마음에 의해서 번뇌의 장벽을 한 순간에 깨트릴 수 있습니다. 그렇기에 마음을 닦는 수행은 깨달은 마음을 점차로 이루어가는 것이 아니라, 마음 하나가 시방 삼세가 되면서도 시방 삼세를 벗어난 것임을 단박에 깨닫는 것입니다. 깨달은 마음은 인연을 관통하는 오직 하나의 마음이면서 뭇 생명들을 다 깨닫게 하는 대승의 마음입니다.

17. 교화를 하심 行化

혜능대사: 선지식들이여, 그대들이 이 게송을 다 외우고 이 게송에 의거하여 수행한다면 저와 천 리를 떨어져 있더라도 지척간이요, 수행하지 않는다면 눈앞에 있어도 천 리나 떨어져 있는 것과 같습니다. 모두들 스스로 잘 닦는다면 서로 서로 법을 지니고 있는 것이 아니겠습니까. 대중들은 돌아가십시오. 저도 조계산으로 돌아가겠습니다. 나중에라도 의문이 있거든 조계산으로 와서 물으십시오. 힘닿는 데까지 그 문제를 해결해서 함께 '깨달음의 본질(佛性)'을 볼 수 있도록 하겠습니다.

법회에 참석했던 관리들과 도인과 신도들이 스님께 예배드리며 찬탄하기를, "훌륭하십니다. 크게 깨우친 분이시군요. 지금까지 들어보지 못한 법문이었습니다. 영남지방에 복이 있어 살아계신 부처님께서 여기에 계실 줄을 누가 알았겠습니까!"라고 하였다. 그리고 나서 모두 돌아갔다.

대사께서 조계산에 계시면서 소주와 광주 두 고을에서 40여 년간을 교화를 하셨는데, 그 문하에 스님들과 신도 분들이 만 오천 명이나 되므로 일일이 다 말할 수 없다. 대사의 근본 가르침은 단경에 다 갖추어져 있으므로, 단경을 전수하여 그로써 수행에 대해 믿고 의지할 만한 바른 이해의 기준을 삼았다. 그러므로 단경의 가르침을 얻지 못한다면 대사의 가르침을 이어받은 것이 아니다.

단경의 가르침을 전수할 때는 반드시 사는 곳과 나이와 이름을 알고서 서로 간에 전해야 한다. 단경의 가르침을 이어받지 않으면 남종의 제자가 아니다. 단경의 가르침을 얻지 못한 사람은 돈교법에 대해서 이야기할지라도 근본을 알지 못하므로 끝내 논쟁을 면치 못할 것이다. 오직 돈교법을 얻은 사람에게만 부지런히 정진하기를 권해야 한다. 논쟁은 승부를 가리는 마음으로 도道와는 어긋나는 짓이다.

大師言 善知(智)識 汝等 盡誦取此偈 依偈修行 去惠能千里 常在能邊 此不修 對面千里 各各自修 法不相持 衆人 且(旦)散 惠能 歸曹(漕)溪山 衆人(生) 若有大疑 來彼山間 爲汝破疑 同見佛性(世) 合座官僚 (奪)道俗 禮拜和尙 無不嗟嘆 善哉 大悟 昔所未聞(問) 嶺南 有福 生佛在此 誰能得知(智) 一時盡散 大師往曹溪山 韶廣二州 行化四十餘年 若論門人 僧之與俗 三五千人 說不盡 若論宗旨(指) 傳授壇經 以此爲依(衣)約 若不得壇經 卽無稟受 須知去(法)處年月日姓(性)名 遞(遍)

相付囑 無壇經禀承 非南宗弟(定)子也 未得禀承者 雖說頓教法 未知根本 終(修)不免諍 但得法者 只勸修行 諍是勝負之心 與道違背

변하지 않는 주체로서의 무엇은 없다

이름 지어 부르면서 '이것은 무엇이다'라고 말하지만, 추상적인 이미지(相)가 갖고 있는 개념의 동일성을 떠난다면 이것이라고 할 무엇이 있을 수 있을까? 이와 같은 물음, 곧 존재에 대한 직접적인 물음은 행위의 주체로서 동일한 '나'가 어제와 오늘 그리고 내일을 상속해 가고 있다는 습관화된 인식이 '나'를 만들고, 인식이 만든 나를 나의 동일상(相)으로 갖고 있으면서 그것을 '나'라고 인식하는 것에 대한 반성을 요구합니다.

혜능 스님께서 일러주고 있는 '모양 없음(無相)'에 대한 게송이 뜻하는 바 또한 그렇습니다. 곧 '모양 없다'는 뜻이 인연이 만든 형상이 없다는 것이 아니라, 시간을 이어가는 동일한 실체로서 지칭할 수 있는 어떤 것이 형상의 안쪽에 존재하지 않는다는 것입니다. 변하지 않는 실체란 형상을 분별하여 갖고 있는 기억의 이미지에 지나지 않기 때문입니다.

모양으로 나타나는 삶의 순간들은 무상한 인연 속에서 생성과 소멸이 한 순간에 일어나고 있는 인연의 총상입니다. 총체적인 생성이라고 할 수 있지요. 소멸에 상대해서 생성이라고 부르기는 하지만 소멸의 한켠에 남아 있는 생성이 아니라는 것입니다. 소멸 또한 마찬가지입니다. 생성 그대로 인연의 총상이 되면서 소멸을 담고 있고, 소멸 그대로 인연의 총상이 되면서 생성을 담고 있습니다.

인연으로 드러나고 있는 모양들을 관통하고 있는 것은 무엇으로도 모양 지을 수 없는 관계성입니다. 관계성은 모양의 다름 속에서 존재로 실재하는 것이 아닙니다. 생성과 소멸이라는 이미지도 언어의 추상성을 배제한다면 있을 수 없습니다. 생성이 소멸을 담고 있고 소멸이 생성으로 드러나고 있기 때문입니다.

추상으로 사유된 명사의 존재성은 분별하는 사유에 의해서 존재하게 된 것(相)에 지나지 않습니다. 혜능 스님께서 계속해서 무상송에 의지해서 공부하라고 하신 까닭도 여기에 있습니다. 인연으로 이루어지고 있는 갖가지 모습들이 그 순간 인연의 총체적인 모습이면서 동시에 자신만의 모습을 나타내고 있는 것은 사실이지만, 변해가는 모습의 안쪽에 변하지 않는 주체로서의 무엇은 없기 때문입니다.

분별하는 마음 또한 인식의 주체가 될 수 없습니다. 왜냐하면 이 마음 또한 인연이 만들었기 때문입니다. 인연이 만든 다름들이 알아차리는 마음으로 드러나 차이를 인식하면서, 차이가 만들어 내는 앎이 분별하는 마음이 된 것입니다. 그러므로 마음도 인연의 상들도 그 자체로 실재하는 것이 아닙니다. 분별할 수 있는 다름들이 없는 것은 아니지만 관계항들을 떠나서 오롯이 그것만으로 분별될 수 있는 실재는 없습니다. 흐르는 시간처럼 보이는 변화의 대물림에서 주체로서의 자아가 연속하여 있는 것 같지만, 차이 그 자체에 들어 있는 기억이 시간을 만들고, 만들어진 기억의 시간 속에서 분별된 주체로서의 자아가 변화의 이면에서 동일하게 존재하는 것처럼 이해될 뿐입니다.

무상한 변화의 차이에 의해서 발생한 앎이 시간의식을 만들고 있기 때문이며, 이웃 항들과의 차이가 만들어 내는 앎에 의해서 공간의식이 만들어지기 때문입니다. 인연이 만들어 내고 있는 무상한 변화가 앎이 되고, 앎이 된 분별이 기억으로 남게 되어 시공간이 형성되면서, 분별된 기억들이 실재하는 것(相)으로 이해된다는 것입니다.

기억은 기억일 뿐 인연의 실상이 아니다

혜능 스님께서 무상송을 자주 말씀하시는 까닭은 기억으로 남아 있는 것(相)은 기억일 뿐 인연의 실상이 아니는 것을 강조하기 위함입니다. 왜냐하면 기억은 만들어 갖고 있는 것과 같아 집착이 되며, 집착이 된 기억은 생각의 길을 일정하게 만들게 되므로, 생성과 소멸을 다 담아 늘 새롭게 살아가는 삶의 본래 모습을 볼 수 없게 하기 때문입니다. 혜능 스님께서 단경의 가르침을 남겨 후학들에게 공부의 의지처를 삼게 하고 바르게 공부하고 있는가에 대한 판단의 근거를 삼게 하고자 하는 까닭도 여기에 있습니다.

분별된 것들을 실재로 여기는 것은 분별된 것들의 실제 모습인 무상(無常·無相)한 속성과 어긋나는 인식일 뿐만 아니라, 분별을 만들고 있는 마음 작용의 욕구가 분별된 것들의 실체가 되기 때문에 불만족을 만드는 근거가 되고 맙니다. 욕망한다는 것은 욕망하는 것이 속성이므로 무엇을 갖는다고 하여 욕망이 채워질 수 없기 때문이며, 욕망에 의해서 분별된 것들의 무상한 속성이 욕망을 저버리게 하기 때문입니다.

우리들이 사는 이 세상을 욕계(欲界)라고 하는 까닭도 여기에 있습니다. 분별된 것(相)들이 분별될 수밖에 없는 실재가 아니라, 욕망하는 마음에 의해서 분별된 것들의 이름과 속성이 결정된다는 것이지요. 욕망에 따라 모든 것들이 분별되고 분별되는 대로 실재가 되므로, 곧 사건·사물에 부착되어 있는 욕망이 사건·사물의 본질을 결정하고 있기 때문에 욕계라는 것입니다. 그러므로 욕망으로 만들어진 분별상의 허구를 알아차리는 것이 혜능 스님과 항상 함께 사는 것과 같으며, 분별상을 취해 욕망을 만족시키려고 한다면 혜능 스님과 함께 있다고 하여도 천리만리 떨어져 있는 것과 같습니다. 만들어진 이미지에 매이지 않는다면 단경의 가르침이 수행자의 삶 속에 그대로 녹아날 것입니다.

하여 단경을 지침으로 삼아 수행할 것을 권하고 있습니다. 단경을 의지한다는 것은 수행자 스스로의 마음이 단경이 되어야 한다는 뜻입니다. 왜냐하면 단경의 가르침이 마음 하나에 다 녹아 있기 때문입니다. 마음이 수행자가 의지할 경전(所依經典)이라는 뜻이지요.

18. 단박에 닦음 頓修

세상 사람들이 이야기하기를 "남쪽은 혜능이요, 북쪽은 신수다."라고 하나, 이 이야기가 나오게 된 본래의 연유에 대해서는 잘 모른다. 신수 대사께서는 형남부 당양현 옥천사에 주석하고 계시면서 수행을 하셨고, 혜능 대사께서는 소수성에서 동쪽으로 삼십오 리 떨어져 있는 조계산에 사시면서 수행을 하셨기 때문에 남종·북종이라는 개념이 생겨났으나, 법으로 보면 한가지이다.

그렇다면 점차로 깨닫는다는 점오漸悟와 단박에 깨닫는다는 돈오頓悟는 어떻게 되는가? 그 또한 마찬가지이다. 곧 법에서 보면 한가지이나 바른 견해를 얻는 데서는 느리고 빠름이 있을 뿐이다. 견해를 얻음이 느리면 점차로 깨닫는 것이고 견해를 얻음이 빠르면 단박에 깨닫는 것이다. 법에는 점차로 깨닫는다는 것과 단박에 깨닫는다는 것이 없으나 사람에게 영리함과 둔함이 있기 때문에 점오와 돈오라는 개념이 있다.

어느 날 신수 대사께서 사람들이 혜능 대사의 법이 빠르고 곧게 공부길을 가리킨다고 이야기하는 것을 듣고 나서, 문인 지성 스님을 불러 이야기하였다.

신수 대사 : 그대는 총명하고 지혜가 많으니 나를 위하여 조계산에 있는 혜능 스님의 처소에 한 번 다녀와야겠네. 혜능 스님의 처소에 도착하거든 스님을 찾아뵙고 인사를 올리고 난 다음, 다만 스님의 가르침을 듣기만 하고 내가 시켜서 왔다고 하지는 말게. 그러고 나서 들은 대로 법문의 뜻을 잘 기록하여 갖고 와 나에게 이야기해 주게. 혜능 스님의 견해와 나의 견해 가운데 누구의 견해가 빠르고 느린지를 보려고 하니, 가능한 한 빨리 돌아와 나로 하여금 이상한 생각을 하지 않도록 하게.

지성 스님은 스승의 심부름을 하게 된 것을 기뻐하였다. 보름 정도 걸려 조계산에 도착하여, 혜능 스님을 찾아뵙고 인사를 드리고 나서 온 곳은 말씀드리지 않고 스님의 법문을 듣기만 하였다. 지성 스님은 혜능 스님의 법문을 듣자마자 바로 깨달아 본래의 청정한 마음과 계합하였기에, 바로 일어나 다시 예배드리고 말씀드렸다.

지성 스님 : 스님, 저는 옥천사 신수 스님의 처소에서 왔습니다. 그곳에서는 깨닫지 못하였는데 스님의 법문을 듣고서는 바로 본래 청정한 마음과 계합하였습니다. 스님께서 자비를 베풀어 가르쳐 주시기 바랍니다.

혜능 대사 : 그대가 옥천사에서 왔다면 염탐꾼이 분명하구나.

지성 스님 : 말씀드리지 않았을 때는 염탐꾼이라고 할 수 있으나, 이미 말씀드렸으니 그렇지 않습니다.

혜능 대사 : 번뇌가 곧 보리라는 뜻 또한 이와 같다.

혜능 대사 : 내가 듣기로는 그대의 스승인 신수 선사께서는 사람들을 가르칠 때 오직 계정혜 삼학만을 전수한다고 하는데, 그 가르침이 어떤 것인지 나에게 설명해 주겠는가?

지성 스님 : 신수 스님께서는 계戒란 어떤 나쁜 짓도 하지 않는 것이며, 혜慧란 온갖 좋은 일을 힘써 실천하는 것이며, 정定이란 스스로 마음을 깨끗이 하는 것이라고 말씀하셨습니다. 이것이 신수 스님께서 말씀하시는 계정혜 삼학입니다. 그런데 스님의 생각은 어떻습니까?

혜능 대사 : 그대 스승의 설명도 생각으로 헤아리기 어려운 가르침인 것은 분명하지만, 내 생각은 그것과 다르네.

지성 스님 : 어떻게 다릅니까?

혜능 대사 : 견해에 느리고 빠름이 있네.

지성 스님 : 계정혜 삼학에 대한 스님의 생각을 말씀해주실 수 있겠습니까?

혜능 대사 : 그대가 청하니 삼학에 대한 나의 생각을 말해주겠네. 내가 생각하는 곳이 어디에 있는지 잘 들어 보게. 계戒란 본래부터 그릇됨이 없는 마음자리의 청정성이며, 정定이란 본래부터

어지럽지 않는 마음자리의 고요함이며, 지혜智慧란 본래부터 어리석지 않는 마음자리의 알아차림이네. 그대가 앞서 말한 계정혜는 근기가 낮은 사람에게 권할 만한 가르침이고, 지금 내가 말한 계정혜는 근기가 뛰어난 사람에게 권할 만한 가르침이지. 본래 청정한 마음 자체의 계정혜를 깨닫는다면 계정혜조차 세울 필요가 없지 않겠는가?

지성 스님 : 스님께서 말씀하신 계정혜조차 세울 필요가 없다는 것은 무슨 뜻입니까?

혜능 대사 : 청정한 마음 자체는 본래부터 그릇됨도 없고 어지러움도 없으며 어리석음도 없어 생각마다 반야의 지혜로 꿰뚫어 보므로 실체를 갖는 법의 이미지를 한시도 세우지 않네. 그런데 어찌 삼학이라는 법의 이미지를 세울 수 있겠는가? 청정한 마음 자체는 수행을 통해 성숙된 마음이 아니므로 마음의 본 모습을 바로 본다면 단박에 수행이 완성되지. 세운다고 하면 점차로 닦는 것이 되는데 알아차리는 마음의 본바탕은 점점 닦아서 이루어지는 것이 아니므로 세우지 않네.

지성 스님은 혜능 대사께 예배드리고 나서 조계산에 남아 대사의 문인이 되어 스님 곁을 떠나지 않았다.

世人 盡傳 南「宗」能北(比)秀 未知根本事由 且秀禪師 於荊南府當(南荊荷堂)陽縣玉泉寺 住持(時)修行 惠能大師 於韶州城東 三十五里曹

溪山 住 法卽一宗 人有南北(比) 因此便立南北 何名(以)漸頓 法卽一種 見有遲疾 見遲卽漸 見疾卽頓 法無漸頓 人有利鈍故 名漸頓 神秀師嘗(常)見人 說惠能法 疾直指(旨)路 秀師遂喚(換)門人僧志誠曰 汝聰明多智 汝與吾至曹溪山 到惠能所 禮拜但聽 莫言吾使汝來 所聽得(德)意旨 記取 却來與吾說 看惠能見解與吾誰疾遲 汝第一早來 勿令吾怪(怪) 志誠 奉使歡喜 遂半月中間 卽至曹溪山 見惠能和尙(當) 禮拜卽聽 不言來處 志誠(城) 聞法 言下便悟 卽契本心 起立卽禮拜 自言 和尙 弟子從玉泉寺來 秀師處 不得(德)契悟 聞和尙說 便契本心 和尙 慈悲 願當教(散)示 惠能大師曰 汝從彼(被)來 應是細作 志誠曰 未說時卽是 說「及」了不(卽)是 六祖言 煩惱卽是菩提 亦復如是 大師謂志誠曰 吾聞汝(與)禪師敎人 唯傳戒定慧 汝(與)和尙 敎人戒定慧 如何 當爲吾說 志誠(城)曰 秀和尙 言戒定慧 諸惡不作 名爲戒 諸善奉行 名爲惠 自淨其意 名爲定 此卽名爲戒定惠 彼作如是說 不知和尙所見 如何 惠能和尙答曰 此說 不可思議 惠能所見 又別 志誠(城) 問 何以別 惠能答曰 見有遲疾 志誠(城) 請和尙說所見戒定惠 大師言「如」汝聽吾(悟)說 看吾(悟)所見處 心地無「疑」非自性(姓)戒 心地無亂 是自性(姓)定 心地無癡 自性(姓)[是]惠 能大師言 汝戒定惠 勸小根諸人 吾戒定惠 勸上[根]人 得悟(吾)自[性] 亦不立戒定惠 志誠(城) 言 請大師說不立 如何 大師言 自性(姓) 無非無亂無癡 念念般若觀照 常(當)離法相 有何可立 自性(姓)頓修 立有漸 此所(契)以不立 志誠 禮拜 便不離曹溪山 卽爲門人 不離大師左右

찰나에 완성되는 온전한 앎과 이룸

 기억하고 알아차리는 법계 인연이 스스로 시공간을 만들고 있으므로 앎과 이룸이 찰나의 순간에 온전히 일어나고 있습니다. 인연의 무상한 변화가 그 자체로 앎이 되고 이룸이 되면서 동시에 시간을 만들어 기억 속에 남은 앎과 이룸의 현재를 해체하고, 다시 다른 앎과 이룸으로 새로운 현재를 만든다는 것이지요. 그렇기 때문에 앎과 이룸 그 자체에 온전히 깨어 있는 한 순간이 이룸 없는 이룸, 곧 머물지 않는 이룸으로 단박에 닦는 것이 되며, 깨달음 없는 깨달음, 곧 이미지로 그릴 수 없는 깨달음으로 단박에 깨닫는 것이 됩니다. 법계의 실상에 계합하는 순간만이 온전히 법계의 앎과 이룸이 될 수밖에 없기 때문에, 계합하지 못한 앎과 이룸이라면 온전한 앎과 이룸일 수 없습니다. 따라서 점차로 알고 점차로 이룬다는 뜻은 성립되지 않습니다.

 더구나 무상한 이룸과 앎은 언제나 현재라고도 할 수 없는 찰나에 온전한 앎과 이룸을 다 완성하고 있기 때문에, 변해서 다른 존재성이 되기 위한 앎과 이룸이 있을 수 없습니다. 오직 온갖 이웃 항들과 관계 속에서 끊임없이 변하는 그것이야말로 열린 생명계 전부일 뿐입니다. 열린 생명계이기에 어느 순간만이 생명계의 진정한 모습일 수 없으며, 어느 모습만이 생명의 진실을 다 나타낼 수 없습니다. 단 하나의 사건·사물도 온전한 것입니다. 목표를 향해 이루어가는 과정으로 이해해야 하는 과정은 없습니다. 찰나가 완성된 목

표며 이미 이루어진 과정입니다. 이것이 법의 특성이며 생명들의 앎과 이룸입니다. 이루어가는 과정으로 원인을 삼고 이루어진 것으로 결과를 삼지만 생명 그 자체는 과정과 결과가 없습니다.

흐르는 순간들이 그대로 온전한 생명 활동입니다. 어느 것이 더 큰 생명 활동이 아니고 어느 것이 더 귀한 생명 현상도 아닙니다. 일어나고 사라지는 마음 하나하나가 온전한 생명의 표현으로 가장 크며 가장 귀합니다. 여기에 무엇을 더하고 무엇을 빼겠습니까?

이룸과 허묾이 동시에 있는 그것이 생명 활동이므로 잠시도 머묾 없는 흐름이어야만 합니다. 무엇이 있어 그렇게 흐르는 것이 아니라 찰나의 다름이 온전한 그것입니다. 그것이라고 할 수 있는 어떤 것도 있을 수 없습니다. 이룸이 허묾을 담고 있으니 이룸만으로의 이룸도 없고, 허묾이 이룸을 담고 있기에 허묾만으로의 허묾도 없습니다. 무상한 다름이라고 이야기할 수밖에 없으나, 다름이라는 것조차 동시에 어느 것과 상대한 것으로 다름일 수 없습니다.

다름으로 나타나는 한 순간의 모습이 그대로 법계를 온통 다 드러내고 있는 다름입니다. 때문에 다름이라는 언어의 개념만으로는 다름을 다 나타낼 수 없습니다. 법계의 흐름에 온전히 함께하고 있으면서도 흐름을 정지한 것처럼 보는 다름에 대한 분별과 다름을 기억하는 특성이 강하면 강할수록 무상한 흐름을 놓치게 됩니다. 법계의 무상한 흐름을 이루는 생명들(法)에게는 빠르고 더딤이 없으나, 법계의 무상한 흐름을 보는 사람에게는 영리함과 둔함이 있다고 하는 것은 이것을 뜻합니다. 하나의 현상이면서 동시에 앞선 것을 허문다는 데서는 빠르고 더딤으로 나타낼 수 있는 비교 자체가 성립되지 않는다는 것을 아는 것이 영리한 마음이며, 흐름을 보편적이며 동일한 것의 상속으로 파악하는 분별은 흐름에 깨어 있지 못한 둔한 마음입니다.

둔하다고 하는 것은 변화에 둔감하다는 것입니다. 그렇다고 하여 영리하다는 것이 미세한 변화에 항상 깨어 있어 변화의 하나하나를 다 알아차린다는 것은 아닙니다. 생명의 흐름에서 보면 '잠시도 머묾 없는 현재'와 '차이를 알아차리는 앎'이 함께하기 때문에, 안다는 특성에서 보면 영리한 것 또한 시공간의 상속을 전제하지 않을 수 없습니다.

그러므로 깨달음이란 변화의 순간순간에 깨어 있다는 것이 아니라, 앎 그 자체의 속성, 곧 머묾 없는 변화가 앎이 된다는 것을 알아 집착하여 갖고 있는 허상을 내려놓고 번뇌를 여의어 함께 아름다운 삶을 사는 것입니다. 존재의 실상이 이웃 항들과의 공감인 줄 알기 때문입니다. 개체로 나타나는 하나의 현상이 스스로를 해체하면서 다른 현상이 되는 것이 이웃 항들과의 공감으로 이루어지는 하나의 현상이라는 것을 보고 안다는 것이지요. 앎의 항상성과 개체의 무상성이 어울려서 항상하지도 않고 무상하지도 않는 것이 무상으로 현상을 나타내고 앎으로 기억을 남기므로 무상성과 항상성이 담보된다는 것을 아는 것입니다.

변화에도 머물 수 없고 항상성에도 머물 수 없는 까닭도 여기에 있습니다. 앎의 기억에서 보면 머물 수 있는 것 같지만 무상이 앎이 되니 앎에만 머물 수 없고, 앎이 없다면 무상에 대한 항상한 이해가 있을 수 없기에 깨달음 또한 있을 수 없습니다. 그러므로 항상 깨어 있는 앎으로 머묾 없는 무상을 보고 어느 이미지에도 걸림이 없어야 합니다. 이미지에 매인다면 가질 수 없는 것을 갖고 있는 것과 같아 번뇌가 되고, 가질 수 없기에 갖고 있다는 생각을 내려놓으면 번뇌 또한 있을 수 없습니다.

단박에 깨닫고 단박에 닦는 것이 수행의 근본

그렇기에 번뇌가 있을 때는 깨달음이 없지만, 깨달음은 깨달음에도 머물지 않는 앎이기에 번뇌를 갖고 있는 상태가 있을 수 없습니다. 번뇌가 깨달음이라는 뜻은 번뇌라는 것이 있는데 그것이 변해 깨달음이 된다는 것이 아닙니다. 분별해 갖고 있는 앎이 무상성을 회복할 때, 갖고 있는 분별상에 더 이상 머물 수 없다는 것을 알아차리고, 알아차리는 마음에 의해 번뇌와 깨달음이 상대하는 분별상으로 존재하지 않게 됩니다.

곧 번뇌도 번뇌라는 실체를 갖지 않고 진여 자성의 알아차리는 마음 또한 번뇌를 떠나 있는 것이 아니므로 번뇌가 일어나는 순간 번뇌인 줄 알아차릴 수 있으며, 알아차리는 마음에 의해 번뇌가 번뇌로 작용하지 않게 되고 나아가 번뇌의 자성이 없는 줄 체득하게 되므로 번뇌가 있는 그곳에 깨달음이 있을 수 있다는 것입니다. 이것이 번뇌가 깨달음이 된다는 뜻입니다.

다만 깨달음의 순간이 깨달음에 의해서 만들어지는 것이 아니라, 무상한 변화가 그 자체로 법계의 인연에 대한 깨달음이 되므로, 깨닫는 사건은 순간에 이루어지는 것일 수밖에 없으면서 앎이라는 특성을 갖게 됩니다. 그러므로 언제나 깨달음으로 기억되는 것과 같아 한 번 온전히 깨닫는다면 한 순간의 깨달음이 완성된 깨달음일 수밖에 없습니다. 또한 모든 인연은 그 자체로 완성된 인연이므로, 깨달음으로 나타나는 인연의 앎도 그 순간 온전한 닦음으로 더 닦을 것이 없는 현재가 됩니다. 그러므로 앎과 이룸이 단박에 완성된다는 것을 알아야 합니다.

밝게 알아차리는 마음의 세 가지 작용인 계정혜 삼학 또한 이와 같습니다. 법계의 인연상因緣相들이 순간순간 모습을 바꿔가면서 인연을 다 담아 낼 수 있는 것은 인연이 된 마음이 어느 순간에도 밝게 깨어 있기 때문이며(慧), 밝게 깨어 있는 인연의 마음은 인연의 변화를 온전히 받아들이면서 인연이 되므로 인연의 삶을 의심하지 않으며(戒), 인연의 흐름에 의해 마음이 움직이거나 어지럽게 되지 않으면서 인연의 흐름에 수순하게 됩니다(定).

이런 까닭에 어느 것에도 머묾 없는 반야의 지혜로 인연의 공성을 잘 알아차린다면, 분별된 이미지가 실재가 아닌 줄 알게 되므로 집착하는 마음이 있을 수 없습니다. 분별상에 대한 집착이 없으니 인연의 흐름이 생명의 온전한 표현이라는 것에 대하여 의심이 있을 수 없으며, 분별상을 갖고 있으려는 욕망이 없으니 인연에 의해 마음이 어지럽지 않고 고요한 마음으로 인연의 본질을 잘 알아차릴 수 있습니다. 그러므로 머묾 없는 마음은 무상한 인연을 다 드러내는 한 마음입니다. 이 마음 밖에 다른 인연이 없기 때문에 마음 하나 살펴 단박에 인연의 공성을 알아차린다면 계정혜 삼학이 한 순간에 완성될 것입니다.

우리의 본래 마음자리는 머묾 없으면서(無住) 기억에 매이지 않는(無念) 청정한 알아차림으로, 인연이면서 인연의 모습에 수순하고 있습니다. 또한 인연 그 자체의 무상성을 실현하고 있는 공성이면서 온전한 생명활동을 하고 있으므로 마음마다 삼학이 완성되어 있는 마음자리입니다. 마음자리에서 본다면 점차로 깨닫고 점차로 닦는다는 것이 있을 수 없으니, 단박에 깨닫고 단박에 닦는 것이 수행의 근본일 수밖에 없습니다.

때문에 점차로 깨닫는다는 것을 깨달음이 점차로 이루어진다고 생각해서는 안 됩니다. 근기가 뛰어나 삼학이 완성되어 있는 마음자리와 단박에 계합한 경우이거나 근기가 둔해 이 마음자리와 점차로 계합한 경우이거나, 깨달음은 단박에 깨닫고 단박에 완성될 수밖에 없습니다. 단박이 되었건 점차가 되었건 마음자리와 계합할 때만이 완전히 깨달음으로 전환되기 때문입니다. 실상에서 보면 이 마음과 계합하지 못한 상태에서도 단박이나 점차라는 구별이 있을 수 없고, 계합한 상태 또한 마찬가지입니다. 마음자리 그 자체에는 단박과 점차가 없기 때문이며 수행자의 근기에 따라 단박에 계합하거나 점차로 계합할 뿐이기 때문입니다.

19. 부처님의 행 佛行

　법달 스님은 칠 년 동안 『법화경』을 외웠다. 그러나 마음이 트이지 못하여 『법화경』에서 바른 법을 설명하고 있는 대목을 몰랐다. 그리하여 혜능 스님을 찾아와서 물었다.
법달 스님: 『법화경』에 대해서 의문점이 있습니다. 스님께서는 지혜가 뛰어나시니 저의 의문을 해소하여 주십시오.
혜능대사: 법달이라는 이름의 뜻은 법에 대해서 깊이 통달했다는 것인데 그대의 마음은 통달하지 못했고, 경전 자체에는 의문이 없는데 그대의 마음에는 의심이 있네 그려. 의심하는 그대 마음에 잘못이 있는데도 그대는 그것을 모르고 바른 법을 구하는 구먼. 마음이 바른 선정 상태에 있는 것이 경전을 지닌 것이지. 나는 여태까지 글자를 모르므로 그대가 『법화경』을 한 번 읽어주겠는가. 듣고 나면 그 뜻을 바로 알 수 있을 것이네.

　법달 스님께서 『법화경』을 가지고 와서 혜능 스님께 읽어 드렸다. 대사께서는 듣자마자 부처님께서 말씀하시고자 하는 뜻을 바로 알아차리고 법달 스님께 『법화경』의 취지를 이야기해 주셨다.

혜능대사: 『법화경』에는 많은 말이 없네. 일곱 권이 모두 비유와 인연을 이야기하고 있지. 여래께서 삼승에 대해서 많은 이야기를 하고 있는 것은 단지 세상 사람들의 근기가 둔하기 때문일세. 경에서는 오직 '부처의 수레(佛乘)' 한 가지만 있고 다른 수레는 없다고 분명하게 말씀하셨네. 그러니 부처의 수레만을 구하려고 해야지 그밖에 다른 수레를 구하려고 하지 말게. 다른 수레를 구한다면 자신의 청정한 마음자리를 모르고 헤맬 것이네.

『법화경』의 어느 곳에서 오직 부처의 수레만이 있다고 했는지 그 대목을 그대에게 설명해 주겠네. 경 가운데 '모든 부처님께서 이 세상에 오신 것은 오직 한 가지 큰일을 해야 하는 인연 때문'이라고 말씀하시고 계신 대목'이네. 이 가르침을 어떻게 이해해야 하며 어떻게 닦아야 하는지에 대해서 설명하겠네. 사람이 허망한 분별을 바탕으로 하는 생각을 하지 않는다면, 마음의 근원은 비고 고요하여 삿된 견해를 떠날 수 있네. 삿된 견해를 떠나는 것이 해야 할 '한 가지 큰일'이지.

안팎으로 헤매지만 않으면 삿된 견해인 분별의 두 극단을 떠날 수 있네. 밖으로 헤매는 것은 모양에 집착하는 것이며, 안으로 헤매는 것은 빔(空)에 집착하는 것이지. 그러므로 밖으로는 모양을 보되 모양을 이루는 연기법의 공성을 알고 모양에서 모양을 분별하여 집착하는 마음을 떠나고, 안으로는 빔을 보되 빔 속에서 인연 따라 모든 것들이 성립되고 있는 것을 알아 빔에서 빔을 집착하는 마음을 떠나야 하네. 이것이 안팎으로 헤매지 않는 것이네. 이와 같은 법을 깨달은 사람은 한 생각에 마음이 열릴 것이 니, 비로소 세상에 나왔다고 할 수 있지.

　마음이 열렸다는 것은 지혜로써 사물·사건을 보는 부처님의 지견이 생겼다는 것이네. 부처란 깨달은 마음이라고 할 수 있네. 마음을 연 부처님께서 세상에 나온 까닭을 네 가지로 요약할 수 있으니, 중생들에게 부처님의 지견을 열어(開), 보이는 것이며 (示), 중생들에게 부처님의 지견을 깨닫게 하여(悟), 부처님의 지견에 들어가게 하는 것이네(入). 열어 보이고 깨달아 들어가게 하는 네 가지 문을 한 곳을 통해 들어갈 수 있으니, 그것은 부처님의 지혜인 깨달은 지견이네. 깨달은 지견으로 본래 청정한 자기 마음을 보는 것이 번뇌의 세상을 벗어나는 것이지.

　법달 스님, 나는 세상의 모든 사람들이 자신의 마음자리에서 언제나 부처님의 지견을 열고 중생의 지견을 열지 않기를 바라네. 사람들의 마음이 삿되면 어리석고 미혹하여 잘못된 일을 하면서 스스로 중생의 지견을 열고, 사람들의 마음이 바르면 지혜로 꿰뚫어 보는 안목을 가지고서 스스로 부처의 지견을 열지. 중생의 지견을 열지 않고 부처의 지견을 여는 것이 번뇌의 세상을 벗어나는 것이네.

　이것이 『법화경』에서 말하는 '부처가 되는 곳으로 가는 오직 하나의 수레(一佛乘)'라는 가르침이네. 하나의 수레를 세 개의 수레로 나눈 것은 미혹한 사람들을 위한 것이므로, 그대는 하나의 수레인 부처가 타는 수레의 가르침만을 의지하도록 하게.

법달 스님, 마음으로 실천하면 『법화경』의 가르침을 자유자재로 쓸 수 있지만 실천하지 못한다면 『법화경』에 의해서 얽매이게 되며, 마음이 바르면 『법화경』을 자기 뜻대로 굴릴 수 있으나 마음이 삿되다면 『법화경』의 가르침에 의해서 굴림을 당하게 되네. 부처님의 지견을 열면 『법화경』의 가르침이 자신의 마음에서 나오는 가르침과 같고 중생의 지견을 갖는다면 『법화경』에 의해서 묶이게 되지. 내 말은 부지런히 법에 의지하여 수행한다면 곧 경전을 뜻대로 펼칠 수 있다는 것이네.

　법달 스님은 혜능 대사의 가르침을 한 번 듣고서 그 말끝에 크게 깨닫고는 닭똥 같은 눈물을 흘리면서 말씀을 올렸다.

법달 스님: 스님! 일찍이 『법화경』의 가르침을 뜻대로 쓰지 못하고 칠 년을 『법화경』에 매여 있었습니다. 그러나 이제부터는 『법화경』의 가르침을 자유자재로 써서, 생각마다 부처의 행을 닦도록 하겠습니다.

혜능 대사: 부처의 행을 하는 것이 부처일세.

　이 말을 들은 사람들 가운데에는 깨닫지 못한 사람이 없었다.

又有一僧 名法達 常誦法華經七年 心迷不知正法之處 [來問曰] 經上有疑 大師 智慧廣大 願爲決(時)疑 大師言 法達 法卽甚達 [汝心不達] 經上無疑(癡) [汝時自疑] 汝心自邪(耶) 而求正法 吾心正定 卽是持經

吾一生已來 不識文字 汝將法華經來 對吾讀一遍 吾聞(問)即知(之) 法達 取經到 對大師讀一遍 六祖聞(問)已 即識佛意 便與(汝)法達說 法華經 六祖言 法達 法華經 無多語 七卷 盡是譬喩因(內)緣 如來廣說 三乘 只爲世人根鈍 經文(聞)分(公)明 無有餘乘 唯一佛乘 大師[言] 法達 汝聽一佛乘 莫求二佛乘 迷却汝性(聖) 經中 何處是一佛乘 與汝 (汝與)說 經云 諸佛世尊 唯以(汝)一大事因緣故 出現於世 已上十六字 (家)是正法 [此]法 如何解 此法 如何修 汝聽吾說 人心 不思 本源 空寂 離却邪見 即一大事(是)因緣 內外不迷 即離兩邊 外迷著(看)相 內迷 著空 於相離相 於空離空 即是不「空」迷 悟(吾)此法 一念 心開 出現於 世 心開何物 開佛知見 佛 猶如覺也 分爲四門 開覺知見 示覺知見 悟 覺知見 入覺知見 開示悟入 從(上)一處入 即覺知見 見自本性 即得出 世 大師言 法達 吾(悟)常願一切世人 心地 常自開佛知見 莫開衆生知 見 世人 心[邪] 愚迷造惡 自開衆生知見 世人心正 起智惠觀照 自開佛 知(智)見 莫開衆生知(智)見 開佛知(智)見 即出世 大師言 法達 此是 法華(達)經一乘法 向下分三 爲迷(名)人故 汝但依(於)一佛乘 大師言 法達 心行 轉法華 不行 法華轉 心正 轉法華 心邪(耶) 法華轉 開佛知 (智)見 轉法華 開衆生知(智)見 被法華轉 大師言 努力依法修行 即是 轉經 法達 一聞 言下大悟 涕淚悲泣 自言 和尙 實未曾(僧)轉法華 七 年 被法華轉 已後 轉法華 念念修行佛行 大師言 即佛行 是佛 其時聽 人(入) 無不悟者

경전을 읽으면서도 경전을 등지다

『법화경』뿐만 아니라 모든 경전은 서로 다른 개념을 전제로 하는 언어의 일반상을 근거로 하고 있습니다. 그렇지만 매 순간 일어나는 무상한 변화는 변하는 찰나마다 자신의 전부를 다 드러내 변하고 있으므로, 변하지 않는 개념을 갖는 분별된 언어의 일반 이해와 같을 수 없습니다.

또한 분별된 인식은 이미 분별하여 갖고 있는 개념을 통해 분별하고 있는 자기 인식일 수밖에 없으므로 한편으로는 자기가 되면서 동시에 무상한 인연에 비켜서 있는 자신을 만들고 있는 것과 같습니다. 인연에 비켜서 있는 추상된 자아는 동일한 언어 개념에 따라 늘 일정한 인식 대상이면서 인식 결과도 되기 때문이며, 분별된 것은 무상한 현재의 시공간 밖에 존재하고 있는 듯한 것이 되면서 현재라고 할 수도 없는 현재를 등지게 되기 때문입니다. 경험하는 현재의 삶이 아니라 분별된 인식만이 삶이 된 듯하여 허망한 삶이라고 할 수밖에 없습니다.

진리를 이야기하고 있는 언어 표현조차 생생한 현재를 온전히 드러낼 수 없다는 것을 모르고, 추상된 분별상을 매개로 시간 밖에 존재하는 듯한 개념상을 전제한다면, 결코 허구를 넘어설 수 없을 것입니다. 이것은 진리라는 개념 분별이 주인이 된 삶으로, 자신의 삶을 산다고 하면서도 허구의 삶을 사는 것과 같습니다.

경전의 가르침은 지금 여기의 삶에서 항상 고요하고 평화로운 삶을 살 것을 이야기합니다. 이웃과 함께 번뇌 없는 삶을 사는 모습이 진리가 된다는 뜻입니다. 분별된 언어 개념에 따른 논리의 정합성에 진리가 담겨있는 것이 아니라, 고요하고 빛나는 삶에 진리가 들어 있다는 것입니다. 따라서 경전이 제시하고 있는 언어 논리를 좇기만 한다면 경전을 읽으면서도 경전을 등지는 것과 같습니다. 부처님께서 경전을 번뇌의 강을 건너는 뗏목에 비유한 것을 놓쳐서는 안 됩니다. 경전을 읽고 외워 기억하고 있는 것도 중요하지만, 그것이 스스로의 삶을 자유롭게 하지 못하고 인연의 삶들을 평화롭게 하지 못한다면, 진리라고 지칭되는 경전 언어를 짐처럼 지고 있는 것과 같으며, 자신만이 아니라 이웃에게까지 그 짐을 지게 하는 것과 같습니다.

언어개념에 맞는 보편상으로 파악될 수 있는 삶의 양상이 없는 것은 아니지만, 삶의 모습을 있는 그대로 알아차리면서 잘 살펴본다면 끊임없이 변하는 현재의 한 순간만이 삶의 전체가 되면서, '매임 없는 알아차림을 실현하고 있는 앎', 곧 '분별을 하면서도 분별을 떠나 있는 앎 자체'만이 보편상이 될 수 있음을 알 것입니다. 앎이라는 사실로 드러나는 보편상과 달리, 앎이 표현되고 있는 삶의 양상, 곧 매 순간 만나는 삶의 양상은 그것 자체가 그 순간 존재하는 오직 하나의 삶입니다.

그러므로 순간순간에 온전히 자유롭고 평화로운 삶을 살지 못한다면, 그 순간 자신의 삶은 무엇인가에 매여 있는 삶일 수밖에 없습니다. 설사 진리라고 할 수 있는 내용을 읽고 외우고 있는 순간이라고 할지라도 그것이 진정 자신과 이웃의 인연들을 자유롭고 평화롭게 하지 못한다고 하면, 진리라는 언어에 매여 진리를 등지는 것과 같습니다. 경전의 가르침은 경전 자체에도 매이지 않도록 하는 것일 뿐만 아니라, 이미 알고 있는 분별에도 매이지 않도록 하는 데 뜻이 있습니다.

인식의 근거를 전환시키는 것이 경전

다만 여러 가지 경전이 전해지고 있는 것은 경전을 배우는 사람들이 살아오면서 형성된 인식의 근거가 다양하기 때문입니다. 하나의 경전 체계가 모든 인식 근거를 자유롭게 전환시킬 수 없다는 것이지요. 때문에 경전에 대한 논리적 이해도 중요하지만, 보다 중요한 것은 이미 갖고 있는 인식 근거로부터 자유로워야 하고, 자유로움이 삶의 순간마다 고요하고 평화롭게 전개되어야 한다는 것입니다. 이미 갖고 있는 인식의 근거를 전환하는 것이 경전을 이해하는 것이며, 함께 어울려 평화로운 삶을 사는 것이 경전에 대한 바른 이해를 실천적으로 증명합니다. 그러므로 경전의 가르침을 이해한다는 것은 스스로와 이웃의 삶을 자유롭고 평화롭게 전환시킨다는 데에 방점이 찍혀야 합니다.

많은 경전에서 진리를 설명할 때 비유를 들어 얘기합니다. 이것이 논리적 체계를 갖추고 진리를 설명하는 것보다 오히려 더 진리에 가까울 수 있는 것도, 진리가 언어 체계 안에 머물러 있지 않기 때문이며, 그러면서도 순간을 잡아 특정한 양상으로 삶을 표현하고 있기 때문입니다.『법화경』에도 많은 비유가 있는데,『법화경』은 비유를 통해서 모든 생명들이 궁극으로 부처의 앎으로 인연을 살고 있으며, 언젠가는 모두가 이것을 자각하게 된다는 것을 이야기하고 있습니다.

보고 듣고 알아차리는 모든 것이 그 자체로 법계의 인연을 다 담아 드러내니, 여기에 깨어 있는 앎은 부처님의 지혜이면서 법계의 앎일 수밖에 없습니다. 무상한 변화의 순간들이 법계의 얼굴이 되어 앎으로 드러나는 순간입니다. 분별된 이미지로 파악되면서(相), 동시에 어느 이미지에도 걸림 없는(無相) 변화(無常)가 그대로 부처님의 지견(佛知見)이 됩니다. 석가모니 부처님께서 근기 따라 어디에도 걸림 없는 삶, 곧 번뇌 없는 삶과 그렇게 사는 방법을 설명하실 수 있는 것도 언어 분별(相)과 무분별(無相)이 무상無常한 인연 속에 다 들어 있기 때문입니다.

깨어있는 앎은 분별된 이미지에 걸리지 않으므로 표현된 양상에서 자유롭고, 인연에 수순한 마음으로 번뇌를 만들지 않으니, 언어 표현을 등지지 않으면서도 분별상에도 걸리지 않는 인식입니다. 밖으로 드러난 모습에서 걸림 없는 인연의 한 순간을 온전히 이해하는 지각이 있으니 모습에서 모습을 떠난 인식입니다. 인식을 이루는 인연들이 분별된 실체로서 존재하지 않으면서 인연 따라 끊임없이 분별되는 모습을 만들어 깨어 있는 부처의 세계를 연출하고 있는 줄 아는 것이지요.

그러므로 분별되는 모습이면서도 분별된 모습을 떠나 있는 '모양 없음(無相)'을 아는 것이야말로 머물지 않는 지견으로, '모양 없음'이라는 이미지조차 갖지 않는 지견입니다. 언어가 갖는 분별의 일반상으로 지각된 것들을 파악하는 인식 근거가 바뀐 것입니다. 분별하여 상相을 만들면서도 상에 머물지 않고, 상을 허물면서도 상이 없는 것에도 머물지 않는 지혜로운 판단을 할 수 있게 인식의 근거가 전환된 것이지요. 인식의 근거를 전환하게 하는 것이야말로 경전이 쓰여진 이유라고 할 수 있습니다.

마음마다 인연이 되고 경전이 되는 삶

따라서 경전이 제시한 진리 체계를 분별된 언어상으로 갖고 있을 것이 아니라, 자신이 갖고 있는 모든 언어의 분별 체계를 되돌아보고, 매여 있는 분별로부터 자유롭게 되어야 합니다. 이것이 경전이 제시하고 있는 가르침의 본 뜻입니다. 그러므로 경전을 살펴 아는 것이 중요하기는 하지만 그것이 마음 살핌을 넘어설 수 없으며, 마음 살핌이 중요하다고 해도 무상한 인연에 온전히 수순한 삶을 사는 것을 넘어설 수 없습니다. 일어나고 사라지는 마음 씀 하나하나가 분별된 모습에도 걸리지 않고 분별을 떠난 모습에도 걸리지 않으면서, 인연마다 온 삶으로서의 자기를 살아야 한다는 것이 경전이 가리키고 있는 진리입니다.

　경전은 경전의 논리체계를 가지고 우리의 마음을 조정하려고 하지 않습니다. 오직 걸림 없는 마음으로 번뇌를 만들지 말고 자유롭게 살아야 한다는 것을 이야기하고 있습니다. 경전의 논리 체계에 갇혀 있다면 보고 듣고 익힌 만큼 매여 있는 삶이 되어 경전의 가르침으로부터도 등지게 되는 것이고, 마음 하나 살펴 알아차리면서 걸림 없는 무상한 현재를 자신의 삶으로 살아간다고 하면 수많은 경전들이 그 마음으로부터 쓰여지고 있는 것과 같습니다. 스스로의 마음을 살펴 어디에도 매임 없는 마음 씀으로 마음마다 인연이 되고 경전이 되는 삶을 사는 것이 부처님의 행이 되고, 인연의 순간들에 온전히 깨어 있는 마음 하나가 법계의 인연을 다 알아차린 마음이 되니, 인연으로 하나 된 법계는 부처님의 앎을 인식 근거로 하고 있는 것과 같습니다. 그러므로 오직 부처님의 수레(一佛乘)만이 우리의 인연을 다 담아내는 수레가 됩니다.

20. 예배하고 법을 물음 參請

지상 스님이 조계산에 와서 혜능 대사께 네 가지 수레의 가르침(四乘法)에 대해서 물었다.

지상스님: 부처님께서 세 가지 수레에 대해서 말씀하시고 나서, 다시 최상의 수레를 말씀하신 뜻이 무엇인지 잘 모르겠습니다. 스님께서 가르쳐 주시기 바랍니다.

혜능대사: 그대 스스로의 마음을 볼 것이지 마음 밖에 있는 법의 이미지에 집착하지 말게. 원래는 네 가지 수레가 없지만 사람의 마음가짐에 네 가지 종류가 있기 때문에 가르침에도 네 종류의 수레가 있는 것이네.

　보고 듣고 읽고 외우는 것이 '작은 수레(小乘)'이고, 경전의 뜻을 깨달아 아는 것이 '가운데 크기의 수레(中乘)'며, 가르침에 따라 수행하는 것이 '큰 수레(大乘)'며, 모든 가르침에 다 통하고 온갖 실천을 다 하면서 어느 것과도 떨어지지 않지만, 가르침에 대한 고정된 이미지만을 갖지 않고, 실천하되 어떤 것도 얻으려고 하는 바가 없는 것이 '최상의 수레(最上乘)'일세. '수레(乘)'란 실천을 한다는 뜻이니, 논쟁하는 데에 뜻이 있는 것이 아니지. 그대

또한 스스로 닦아야지 나에게 물을 필요가 없네.

남양 출신인 신회라는 스님이 조계산에 와서 혜능 대사께 예배를 드리고 물었다.

신회 스님 : 스님께서는 좌선을 할 때 봅니까, 보지 않습니까?
대사께서 일어나서 신회 스님을 세 차례 때리고 나서 신회 스님에게 물었다.

혜능 대사 : 내가 그대를 때렸는데 아픈가, 아프지 않은가?

신회 스님 : 아프기도 하고 아프지 않기도 합니다.

혜능 대사 : 나 또한 보기도 하고 보지 않기도 하지.

신회 스님 : 스님께서는 어떻게 하여 보기도 하고 보지 않기도 합니까?

혜능 대사 : 내가 본다는 것은 항상 나의 허물을 보기 때문에 본다고 하고, 보지 않기도 한다는 것은 세상 사람들의 허물을 보지 않는다는 것이네. 그러므로 보기도 하고 보지 않기도 하지. 그런데 그대의 아프기도 하고 아프지 않기도 한다는 것은 무슨 뜻인가?

신회 스님 : 만약 아프지 않다고 하면 무정인 목석과 같을 것이고, 아프다고 하면 범부와 같아 한스런 마음이 일어날 것입니다. 그러나 아프므로 목석과 다르고 아프지 않기도 하므로 범부와 다르다는 것입니다.

혜능 대사 : 신회 스님, 방금 전에 그대가 말한 '본다는 것과 보지 않는다'는 것은 중도를 잃은 치우친 견해고, '아프다는 것과 아

프지 않다는 것은 열반을 잃고 생멸하는 마음이지. 그대는 청정한 마음을 보지도 못했으면서 감히 여기까지 와서 사람을 희롱하는가?

신회 스님은 예배를 드리고 아무 말도 하지 못했다.

혜능 대사 : 그대의 마음이 미혹하여 청정한 마음을 보지 못했다면 선지식께 물어서 길을 찾아야 하고, 마음이 각성되어 스스로 청정한 마음을 보았다면 마음법에 의지해 수행하게. 그대가 미혹하여 스스로의 마음을 보지 못했음에도 불구하고, 마치 청정한 마음을 본 듯 여기까지 와서 나의 봄에 대해서 묻는가?

나의 봄은 나 스스로 알 수 있으나 그대의 어리석음을 대신할 수 없고, 그대가 스스로 자신의 마음을 본다고 할지라도 나의 어리석음을 대신할 수 없지. 그런데도 어찌 스스로 닦지 않고 나의 봄에 대해서 묻는가?

신회 스님은 혜능 대사께 예를 올리고 바로 제자가 되어 조계산을 떠나지 않고 항상 스승 곁에 머물렀다.

時有一僧 名智常 來曹溪山 禮拜和尚 問(聞)四乘法義 智常 問(聞)和尚曰 佛說三乘 又言最上乘 弟子不解 望爲敎(敬)示 惠能大師曰 汝自身心見 莫著外法相 元無四乘法 人心自有(不量)四等 法有四乘 見聞讀誦 是小乘 悟[法]解義是中乘 依(衣)法修行 是大乘 萬法 盡通 萬行(幸)俱備 一切無離 但離法相 作無所得(德) 是最上乘 乘是「最上」行

義 不在口諍 汝須自修 莫問吾(悟)也 又有一僧 名神會 南陽人也 至曹溪山 禮拜問言 和尚坐(座)禪 見 亦不見 大師起打神會三下 却問神會 吾打汝 痛 不痛 神會答言 亦痛亦不痛 六祖言曰 吾亦見亦不見 神會又問 大師 何以亦見亦不見 大師言 吾亦見 常見自過患 故云亦見亦不見者 不見天地人過罪 所以亦見亦不見(也) 汝 亦痛亦不痛 如何 神會答曰 若不痛 即同無情木石 若痛 即同凡[夫] 即起於恨 大師言 神會 向前 見不見 是兩邊 痛[不痛] 是生滅 汝自性 且不見 敢來弄人 神會(禮拜)禮拜 更不言 大師言 汝心迷不見 問善知識覓路 以心悟自見 依法修行 汝自迷(名) 不見自心 却來問惠能見否 吾見(不)自知 代汝迷不得 汝若自見 代得吾迷 何不自修 問吾見否 神會作禮 便爲門人 不離曹溪山中 常在左右

지상 스님의 물음

부처님께서는 당신께서 알고 있는 것이 많지만 번뇌를 여의고 열반에 이르게 하는 가르침은 손안에 쥔 이파리 정도의 양이면 충분하다고 말씀하셨습니다. 그러므로 가르침을 갖고 있을 것이 아니라 열반의 삶이 지금 여기에서 구현될 수 있도록 가르침을 실천하여야 합니다. 가르침에 대한 논리적 이해와 분별이 중요하기는 하지만 그와 같은 이해를 갖고 있을 것이 아니라 마음 씀씀이 하나마다 곧 열반이 되어야 한다는 것이지요.

그러므로 열반이 자신의 삶에서 순간순간 실천되고 있느냐가 부처님의 수레에 타고 있느냐 타고 있지 않느냐를 결정한다고 하겠습니다. 마음은 거울처럼 현재에 대한 직접적인 지각을 하기도 하고 지각된 영상을 언어를 가지고 분별하기도 하므로, 시공간을 넘어선 듯한 지각, 곧 탈시공간적인 지각도 가능하고 시공간을 만들면서 언어에 의한 개념 분별도 가능합니다.

이 둘 가운데 어느 하나만을 취해 그것이 마음의 본성인 줄 아는 것은 마음에 대한 바른 이해라고 할 수 없습니다. 탈시공간적인 데서 보면 끊임없이 분별된 시공간을 해체하고 있으므로 늘 새롭게 존재하는 시공간 자체가 되는 듯하고, 언어 개념에 맞는 분별을 취하여 시공간을 만들면서 만들어진 시공간의 분별을 기억하고 있다는 데서 보면 잠시도 새롭게 살지 않는 듯하지만, 시공간을 넘어선 듯한 것도 시공간의 분별로 나타나고 시공간의 분별도 시공간을 넘어선 것을 바탕으로 하고 있기 때문에 어느 것에도 걸림 없는 마음이어야 마음에 대한 바른 이해라고 할 수 있습니다.

마음 살핌과 알아차림이 분별과 분별을 넘어서는 두 가지 작용을 할 수 있는 근거도 여기에 있습니다. 마음 살핌과 알아차림이란 마음이라는 명사적 지시체를 살펴 알아차리는 것이 아니라, 마음이 지각하고 있는 순수 현재의 알아차림 그 자체에 대한 분명한 자각을 뜻합니다. 이와 같은 자각은 무상한 흐름에 수순하므로 시공간의 다름이 곧 마음이 됩니다. 때문에 마음이라고 할 수 있는 것이 없음에도 불구하고 지각된 그때의 인연이 전존재가 되면서 앎이라는 동일상을 만들어 다름을 상속하므로, 상속이라 할지라도 동일할 수 없습니다. 동일한 인과적 연속이 있을 수 없으므로 인과를 관통하는 마음도 없고, 인과를 관통하여 동일하게 상속되는 마음이 없으므로 순수 자아라고 할 수 있는 것도 없습니다.

곧 전 찰나가 후 찰나를 성립하는 원인으로 존재하지도 않고 후 찰나가 전 찰나의 결과도 아닙니다. 전후 찰나가 그 자체로 온전한 존재입니다. 이것이 무상無常의 본래 의미입니다. 그렇지만 각 찰나마다 지각이 있고 앎이 발생한다고 하는 것은 비교할 수 있는 다름에 대한 상속이 있기 때문입니다. 찰나마다 비교분별이 가능한 다름을 기억하고 있으므로 기억으로 보면 앎의 상속이 가능하다는 것이지요. 다만 이와 같은 상속은 인과적 상속이 아닌 무상한 변화가 만든 다름들을 기억하면서 현재를 만드는 상속이라고 할 수 있습니다.

따라서 상속한다고 하여도 상속하지 않는다고 하여도 인과적 동일성은 담보될 수 없습니다. 아는 마음처럼 드러난 무상한 인연의 현재가 존재의 총상이 될 뿐입니다. 그러므로 마음 하나 살펴 알아차리는 것이 모든 것을 아는 것과 같으며 모든 법을 공부하는 것과 같으며 열반의 삶을 실현하고 있는 것과 같습니다. 그래서 마음공부를 가장 수승한 공부라고 합니다. 시공간과 탈시공간의 양면 모두가 마음 씀 하나에 다 구현되고 있기 때문이며, 마음공부가 법계 인연을 다 아는 부처님의 지혜를 이루는 공부가 되기 때문입니다.

마음공부가 수승하다는 것은 경전의 언어라고 할지라도 '이것'

이라고 부른 순간 '이것'이외의 것을 배제하는 언어의 속성을 떠날 수 없으므로 언어 분별만을 취해 그것만으로 법을 알았다고 하면, 상속되지 않는 무상한 순간에 온 삶을 다 드러내고 있는 마음의 전 존재성을 알 수 없게 된다는 것을 가리킵니다.

또한 진리를 설명하고 있다는 언어 분별이 뭇 생명들의 삶에 얼마나 많은 번뇌를 만들어 왔는가는 지난 역사를 되돌아보는 것만으로도 충분하니 언어 살핌이 마음 살핌에 미치지 못한 것을 여실히 알 수 있습니다. 마음공부는 마음에 대한 진리를 갖는 것이 아니라 진리조차 놓아 버리는 것입니다. 이와 같은 마음 씀에 이르러야 어느 것과도 함께 살아가는 아름다운 공간을 열 수 있으니, 마음 하나가 온갖 덕을 다 갖추고 있는 것과 같습니다. 얻으려고 하여도 얻을 수 없지만 얻으려는 마음을 내려놓는 순간, 인연의 공감들이 공덕이 되어 모두 함께 아름다운 세상을 살게 하니, '마음 비움(定)'과 '마음 나눔(慧)'이야말로 인연을 공감하는 바탕이 됩니다. 그러므로 마음을 닦는 것이 무엇보다 수승한 공부이며, 뛰어난 공덕을 실현하는 것입니다.

신회 스님의 물음

모든 것이 무상하기에 '있는 그대로를 본다'는 것과 '이름 따라 분별된 모습(相)을 본다'는 것은 분명히 다릅니다. 있는 그대로를 보는 것은 잘 분별하되 분별되는 전체의 인연을 보는 것이며, 분별된 대로 본다는 것은 나누어지고 구별되는 것만을 본다는 것입니다. 전체 인연을 본다는 것은 보이는 것들에 대하여 좋다든가 나쁘다든가 따위의 분별과 감정 이입을 자제하고 그냥 알아차리는 것이며, 분별하여 본다는 것은 개념적으로 정리된 언어 분별과 감정 등의 분별을 통해 본다는 것입니다. 그냥 알아차리고 있는 동안은 분별된 것들이 주는 감정의 동요나 시비 등의 개념 나눔으로부터 벗어나 번뇌를 불러오는 판단으로부터 고요해지기 쉽지만, 이미 축적된 개념 나눔을 통해 시비를 가리거나 감정의 동요를 불러일으키는 분별은 판단 내용에서 보면 옳다고 하더라도, 번뇌를 발생시키는 인식의 통로를 넓혀가기 때문에 고요해지기가 어렵습니다.

어느 쪽이나 알아차리는 마음이 작용하고 있는 것은 분명하지만, '고요한 지켜봄'은 알아차리는 마음 작용이 생생하게 살아나게 하는 인식 통로를 넓혀가는 반면, '번뇌를 파생시키는 알아차림'은 이미 형성된 판단이 지금 여기를 분명하게 알아차리는 마음 작용을 방해하고 있는 인식입니다. 분별하여 갖고 있는 기억의 이미지가 현재의 인연을 흔들고 있는 상태이므로, 분별된 기억이 현재의 마음을 만든다고 해야겠지요. 마음이 분별의 주체인 듯하지만, 마음 또한 분별된 기억에 의해서 분별하는 마음이 된 듯하니, '마음'과 '분별'과 '분별된 것' 또한 하나인 듯 여럿인 듯 함께 어울려서 흔들리는 현재를 만들고만 것입니다. 어느 것 하나 주체가 되지 못한 상황입니다.

그러나 이미 형성된 분별상에 의해서 흔들리지 않는 알아차림은 어떤 이미지도 갖지 않는 빈 마음과 같습니다. 분별된 기억에 얽매이지 않으니 분별이 없는 것과 같지요. 바른 판단과 평화로운 삶을 이끄는 바른 분별이 이루어지는 알아차림입니다. 빈 마음이기에 온갖 분별이 제 빛으로 분별될 수 있으며, 분별된 것조차 머묾 없는 인연 속에 제 분별을 감추는 알아차림입니다. 빔이 마음이 되어 온갖 것을 받아들이는 것입니다. 이 마음이 청정한 마음이면서 분별된 상념들조차 빛나게 합니다. 어느 것도 갖지 않는 마음이기에 시공간의 한계가 있을 수 없습니다. 그러므로 마음 쉼이 경험되는 순간 개체이면서도 법계가 되는 삶이 있을 수 있으며, 알아차리는 특성에 따라 분별된 낱낱들이 그 순간 시공간을 새롭게 만들므로 분별된 모습에 따라 각기 다른 세계가 펼쳐질 수 있습니다. 하나 된 세계만이 진짜 세계도 아니고, 낱낱 차별이 가짜 세계도 아닙니다.

따라서 분별이 없어진 것으로 자신의 삶을 삼으려고 하는 것도 삶의 한쪽만을 본 것이며, 분별된 것만으로 자신의 삶을 한정짓는 것 또한 다른 한 편을 잃은 삶이 됩니다. 어느 쪽이나 자신을 온전히 살지 못한다는 데서는 차이가 없습니다.

삶은 인연으로 어울린 하나의 세계이지만, 하나의 세계가 나타내고 있는 삶은 분별된 낱낱입니다. 그렇다고 낱낱 분별 속에 분별없는 세계가 숨어 있는 것도 아니며, 원래 분별없는 세계가 분별을 만들어 내는 것도 아닙니다. 분별된 낱낱이 이웃 항들과 더불어 무상한 인연을 만들면서 분별된 낱낱으로 있을 뿐입니다. 한 순간의 인연이 법계의 얼굴이 되고, 그것이 기억으로 남겨지면서 시공간을 형성하므로 언제나 존재하는 얼굴이 됩니다. 나눌 수 있는 시공간이 아닌 인연총상으로서의 낱낱 얼굴도 한결같은 얼굴이며, 분별된 것 또한 언제나 기억으로 남아 있으므로 한결같은 분별입니다.

무상한 인연이므로 두 찰나가 동일한 양상으로 존재할 수 없다는 것이 도리어 영원을 담보하고 있으니, 무상과 영원이 하나이며 분별과 무분별도 하나입니다. 어느 한쪽만이 삶의 진정한 모습이 아닙니다. 인연이 된 분별이 그때의 법계 얼굴이 된다는 것은 '어느 것도 다 받아들이고 있는 청정한 마음'을 뜻한다고 할 수 있으며, 마음이 분별을 만들어 그것으로 연기의 앎을 만들고 시공간을 형성한다고 하는 것은 '이미 갖고 있는 기억으로 현재를 분별하는 마음'을 뜻한다고 할 수 있습니다. 그러므로 본다는 하나의 사건은 단지 현재 일어나고 있는 분별의 앎만을 보여 주는 것이 아닙니다.

모든 것을 있는 그대로 비추는 '청정한 마음'이 '보는 마음'이 되어 관계 속의 변화를 앎으로 드러내며, 보인 것이 무엇인 줄 아는 마음은 기억된 분별을 잊지 않으면서 지금 드러난 앎의 다름을 분별해 내는 마음입니다. 그러므로 아무것도 갖고 있지 않다고 하는 것도 마음을 설명하는 것으로 부족하고, 모든 것을 만들어 낸다고 하는 것 또한 부족한 설명입니다. 청정한 마음만이 마음이 아니며 분별하는 마음을 떠나서는 청정한 마음 또한 없습니다. 분별을 넘어선 인연으로 법계의 얼굴이 되는 청정한 마음만으로 앎이 되는 것도 아니며, 시공간의 분별로 나타나는 낱낱 봄만으로도 인식이 성립될 수 없습니다.

　분별을 넘어 하나 된 인연을 바탕으로 한 낱낱이 제 모습에만 머물지 않고서 그 모습 그대로 분별을 넘어선 인연을 표현하므로 법계의 앎은 제 빛을 드러냅니다. 안으로 고요함에 머무르면 법계일상인 청정한 마음을 경험할 수 있고, 밖으로 인연이 만든 모든 분별에 흔들리지 않는다면 지혜로운 분별이 일어납니다. 따라서 고요함에만 머물지도 않고 움직임을 좇지도 않으면서 온갖 인연들과 다름으로 하나 된 봄으로 보는 것을 삼는다면, 선정과 지혜가 함께 작용하니, 분별이 없을 때는 분별없는 것이 온 삶이 되고 분별할 때는 분별하는 것이 온 삶이 됩니다.

21. 상대되는 법 對法

혜능 대사께서 문인인 법해·지성·법달·지상·지통·지철·지도·법진·법여·신회 스님 등 열 명의 제자를 즉시 모이라고 하셨다.

혜능 대사 : 가까이 오게. 그대들은 다른 사람들과 다르네. 내가 죽고 나면 그대들 각자는 한 지방의 어른이 될 것이므로 그대들에게 설법하는 방법을 가르쳐서 근본 가르침을 잃지 않도록 하겠네. 그것은 몸과 마음과 인식을 설명하고 있는 세 가지 법문인 '삼과법문三科法門'과 서른여섯 가지 상대적인 법문의 운용법인 '삼십육대三十六對'라는 것이네. 그대들이 이 방법을 가지고 수행자를 지도하면 '양극단의 잘못된 견해'를 떠날 수 있네. 그리고 모든 가르침에 대해서 설명할 때도 '연기의 본성인 공성(性)'과 '인연 따라 나타나는 형상(相)'을 떠나서 이야기하면 안 되네.

만약 사람들이 법에 대해서 묻거든 항상 쌍으로 말을 하고 상대적인 운용법을 써서, 모든 것들은 서로가 서로에게 존재의 원인이 된 줄을 알게 하고, 서로에게 존재의 원인이 되는 상대가 없다면 어느 것도 존재할 수 없다는 것을 알게 하며, 나아가 존재할 수 없다는 것조차 상대적인 줄 알아 상대가 없어지면 없다는 것조차 성립되지 않음을 알게 해야 하네. 예를 들면 오고 감이 서로를 원인으로 하여 옴과 감이 성립되나, 상대를 원인으로 하지 않는다면 오고 감이라는 두 가지 양상이 모두 없어지므로, 궁극에는 가는 곳조차 없어지는 것과 같은 것이네.

삼과법문이란 5음과 18계와 12처에 대한 법문이네. 5음이란 몸(色陰)·감각지각(受陰)·표상작용(想陰)·형성작용(行陰)·인식작용(識陰)이요, 18계란 6진과 6문과 6식이며, 12처란 밖의 여섯 가지 인식 대상과 가운데에 있는 여섯 가지 인식 기관이네.(여섯 가지 인식 기관이 가운데 있다는 것은 눈 등 그 자체가 인식 활동을 하는 것이 아니라 외부의 대상을 수용한 이후에 마음에서 인식이 발생하기 때문이다. 또는 가운데 있는 인식 기관을 통하지 않고서 마음 자체에 의해서 인식이 발생하기도 하는데 그때는 의意가 가운데 있는 인식 기관이라고 할 수 있다. 역자 주)

6진이란 형색·소리·냄새·맛·몸의 감촉·'의意의 대상인 언어 개념으로 분별된 법法'이며, 6문이란 '눈·귀·코·혀·몸·의'이네. 또한 연기법의 본성인 공한 성품은 공이라는 상태로 머물러 있는 상태를 가리키는 것이 아니라 모든 현상 그대로를 가리키네. 왜냐하면 모든 것의 본성은 인연 따라 변하기 때문이지.

그렇기에 모든 것은 그 자체로 공성이며 연기며 무상으로, 현상계 그대로가 있는 그대로의 실상인 법성法性이며 진여이네. 그러므로 연기법의 본성인 법성, 곧 공성에서 6식인 안식·이식·비식·설식·신식·의식과 인식 기관인 6문과 인식 대상인 6진이 일어날 수 있네.

그렇지만 머물지 않고 인연 따라 무상으로 변하는 실제의 모습(實相)에서 언어 개념에 맞는 분별로서의 기억이 형성되고, 형성된 모든 기억을 종자화하여 함장하고 있는 함장식含藏識이 생기면 문제는 달라지지. 왜냐하면 이미 형성된 분별의 종자가 인식으로 전환되면서 머무는 인식이 되기 때문이네.

그러므로 깨닫지 못한 이들의 생각을 전식轉識이라 하네. 그것은 이미 형성된 분별 종자가 인식 대상으로 재현되고, 재현된 것을 다시 인식한다는 뜻이네. 종자에서 현재의 인식으로 전환된 인식이라는 뜻이지.

종자로 함장되어 있던 분별 개념이 현재 인식으로 전환되면서 6식도 일어나지만, 이때의 6식은 '여섯 가지 인식 기관인 6문'을 통해 '여섯 가지 인식 대상인 6진'을 보되 그것이 종자에서 인식으로 전환된 것인 줄 모르네. 모르긴 하지만 하나의 인식이 성립되는 배경을 놓고 보면 6식과 6문과 6진이 있기 때문에 이를 합쳐서 18계라고 한다네.

18계에 의해서 일어나는 인식은 이미 형성된 언어 개념에 맞게 분별된 종자가 현재의 인식으로 전환된 것으로 분별된 종자의 자성이 삿되기 때문에 18계의 인식도 삿되지만, 함장식의 자성은 연기 공성을 근거로 하기 때문에 분별 속에서도 머물지 않는 바른 인식이 일어날 수 있네.

그러므로 18계의 인식현상도 바르게 될 수 있지. 함장식이라는 개념에서도 알 수 있듯 분별된 언어개념에 머물러 있는 잘못된 인식활동을 한다면 중생이지만, 함장식의 근거가 되는 머물지 않는 연기 공성의 무상성을 바르게 인식한다면 부처이네. 곧 중생이 되는 인식의 작용과 부처가 되는 인식의 작용은 머물러 있는 분별을 바탕으로 하는가와 머물지 않는 무상한 연기의 공성을 바탕으로 하는가에 달려 있다는 것이네.

이제부터 상대되는 법에 대해서 말해주겠네. 바깥 경계인 무정세계에 다섯 가지 상대가 있으니 하늘과 땅, 해와 달, 어둠과 밝음, 음과 양, 물과 불이네. 언어로 상대되는 법상에도 열두 가지 상대가 있네. 곧 인연 따라 만들어진 것(有爲)과 변하지 않는 공성(無爲)의 상대로서 색상이 있음(有色)과 색상이 없음(無色)이 있으며, 형상이 있음(有相)과 형상이 없음(無相)이 상대되며, 번뇌가 있음(有漏)과 번뇌가 없음(無漏)이 상대이며, 나아가 형색(色)과 빔(空), 움직임(動)과 고요함, 청정함과 오염됨, 범凡과 성聖, 승僧과 속俗, 늙음과 젊음, 큼과 작음, 김과 짧음, 높음과 낮음 등이네.

마음 자체가 작용하는 데도 열아홉 가지 상대법이 있네. 곧 삿됨과 바름, 어리석음과 지혜로움, 우둔함과 총명함, 어지러움과 안정함, 계율을 지킴과 잘못을 행함, 곧음과 굽음, 실상과 허상, 험준함과 평평함, 번뇌와 보리, 자비와 해침, 기쁨과 성냄, 남에게 줌과 인색함, 나아감과 물러남, 생겨남과 없어짐, 항상함과 무상함, 법신과 색신, 화신과 보신, 체體와 용用, 성性과 상相 등이네.

유정과 무정의 상대로서 언어로 상대되는 법상에 열두 가지 상대법이 있고, 바깥 경계인 무정세계에 다섯 가지 상대법이 있고, 유정세계에서 마음 자체가 작용하는 데에 열아홉 가지 상대법이 있어, 모두 합치면 서른여섯 가지 상대법이 있네.

지금 이야기한 서른여섯 가지 상대법을 잘 알고 쓰면, 모든 경전의 가르침에 능통하게 되고, 수행자를 지도할 때도 능숙하게 양극단의 잘못된 견해를 여읠 수 있네.

마음 자체가 어떻게 작용하게 해야 하는가? 서른여섯 가지 상대법 모두가 사람의 언어를 공통으로 하니, 말을 할 때에는 차별된 모양에서 언어 개념이 갖는 실체로서의 차별된 모양이라는 개념지를 떠나야 하고, 말 이전을 볼 때에는 어떠한 모양도 갖지 않는 공에서 공 그 자체도 차별된 모양과 다른 것으로의 실체라는 개념지를 떠나야 하네.

공에 집착한다면 오직 무명無明만을 기르고, 모양에 집착한다면 사견邪見만을 기를 뿐이네. 문자로 쓰인 경전의 가르침을 비방하면서, 가르침은 문자를 쓰지 않는다고 거침없이 말하지만, 문자를 쓰지 않는다고 말할진대, 그 사람은 그런 말을 해서도 안 될 것이네. 왜냐하면 말이 곧 문자이기 때문이네.

청정한 마음 그 자체에 대해서 공空이라고 말하나, 바르게 말하면 본래의 성품은 공하지 않네. 그럼에도 불구하고 헤매고 갈팡질팡하는 것은 낱낱 단어가 본래부터 타자를 배제하고, 오직 단어 그 자체로 사물의 실체를 가리킨다고 여기는 잘못된 분별 때문이네. 예를 들면 어둠도 스스로 어둠이라는 개념을 드러내는 것이 아니라 밝음을 상대해서만 어둠이 있고, 어둠이 스스로 어둠이 아니라 밝음이 변하여 어둠이 될 때 비로소 어둠이 되는 것과 같네. 어둠이 있어야 상대적으로 밝음이 있을 수 있고, 옴이 있어야 상대적으로 감이 있을 수 있듯 서로가 서로를 성립시키는 원인이 된다는 것이네. 서른여섯 가지 상대법 또한 이와 같아 서로가 서로를 성립시키지.

대사께서 계속해서 열 명의 제자에게 말씀하셨다.
혜능대사: 이후로 법을 전할 때는 서로 서로 단경을 가르치고 전수하여 본래의 종지를 잃지 않도록 해야 하네. 만일 단경의 가르침을 이어받지 않았다면 나의 종지를 이어받은 것이 아닐세. 그대들은 이제 단경의 종지를 얻었으니 대대로 전하여 종지가 이어지도록 해야 하네. 단경을 얻은 사람은 나를 만나 직접 전수받은 것과 같네.

열 명의 제자가 가르침을 전수 받고 나서 단경을 써서 대대로 이어지도록 하였으니, 단경을 얻은 사람은 반드시 청정한 마음자리를 볼 것이다.

大師遂喚門人 法海 志誠 法達 智常 志通 志徹 志道 法珍 法如 神會 大師言 汝等拾弟子 近前 汝等 不同餘人 吾滅度後 汝各爲一方頭 吾敎汝說法 不失本宗 擧[三]科法門 動[用]三十六對 出沒 卽離兩邊 說一切法 莫離於性相 若有人 問法 出語盡雙 皆取法對 來去相因 究(尤)竟 二法 盡除 更無去處 三科法門者 蔭界入 蔭是五蔭 界[是]十

八界 [入]是十二入 何名五蔭 色蔭 受蔭 想(相)蔭 行蔭 識蔭 是 何名十八界 六塵 六門 六識 何名十二入 外六塵 中六門 何名六塵 色聲香味觸(未獨)法 是 何名六門 眼耳鼻舌身意 是 法性 起六識 眼識耳識鼻識舌識身識意識 六門六塵 自性 含萬法 名爲含藏識 思量卽轉識 生六識 出六門[見]六塵 是三六十八 由自性邪 起十八邪 含自性[正起]十八正 含惡用卽衆生 善用卽佛 用由(油)何等 由(油)自性對 外境無情 對有五 天與地對 日與月對 暗與明對 陰與陽對 水與火對 語與言對 法與相對 有十二對 有爲無爲有色無色對 有相無相對 有漏無漏對 色與空對 動與靜(淨)對 淸與濁對 凡與聖(性)對 僧與俗對 老與少對 大大與少少對 長與短對 高與下對 自性「居」起用對 有十九對 邪與正對 癡與惠對 愚與智對 亂與定對 戒與非對 直與曲(典)對 實與虛對 嶮與平對 煩惱與菩提對 慈與害(空)對 喜與嗔對 捨與慳對 進與退對 生與滅對 常與無常對 法身與色身對 化身與報身對 體與用對 性與相[對] 有情(淸)無情(親)對 言語 與法相 有十二對「內」外境有無[情]五對 自性起有十九對(三身有三對) 都合成三十六對法也 此三十六對法 解用 通一切經 出入 卽離兩邊 如何自性起用 三十六對共人言語 出外 於[相]離相 入內 於空離空 著空卽惟長無明(名) 著相惟[長]邪見 謗法 直言不用文字 旣云不用文字 人不合言語 言語卽是文字 自性上說空 正語言 本性 不空 迷自惑 語言邪(除)故 暗不自暗 以明(名)故暗 暗不自暗 以明(名)變暗 以暗現明 來去相因 三十六對 亦復如是 大師言 十弟子 已後傳法 遞相敎授一卷壇經 不失本宗 不稟受(授)壇經 非我宗旨 如今得了 遞代流行 得遇壇

經者 如見吾親授 拾僧 得敎授已 寫爲壇經 遞代流行 得者必當見性

분별된 인식 결과를 기억하고 있는 마음, 함장식

　분별은 앎과 기억에 의해서 형성되고, 형성된 기억은 다음 분별을 기억에 맞게 재구성하는 바탕이 됩니다. 재구성의 바탕이 된 기억, 곧 분별하여 기억으로 남게 되는 일반상은 이름을 갖습니다. 이름 지어 부르면서 이름에 맞는 이미지를 상속시켜 가는 것이지요. 그렇게 되면서 이름만으로의 이미지에 머물게 되고, 머물게 된 인상印象은 그 밖의 인연 관계를 배제하게 됩니다. 그렇기에 이름이란 타자를 배제하는 것을 속성으로 삼는다고 이야기합니다. 타자가 배제된 이름만으로의 자기 이미지를 갖게 되면서, 인연이 만들고 있는 분별과 분별을 통해 나타나는 분별없는 앎이 분별만으로 존재하는 분별상이 되고 맙니다.
　이렇게 형성된 이미지, 곧 분별된 인식 결과를 기억하고 있는 마음을 '함장식含藏識'이라고 합니다. 기억된 분별들은 다음 찰나에 일어나는 인식에 영향을 주어 이미 형성된 분별을 재현하게 하는 공능도 있기 때문에, 함장식을 종자식種子識이라고도 합니다. 함장되는 인식 결과이면서 다음 찰나의 인식을 만들고 있는 원인도 되기 때문입니다. 결과이면서 원인이 된 분별상들이 기억으로 남겨지면서, 분별된 이미지의 동일성이 담보되고, 이미지들을 갖고 있는 주체로서의 자아상도 형성됩니다. 결과에서 보면 기억된 것이지만, 다음 찰나에서 보면 기억이 분별상을 만들므로, 함장식이 있어 종자를 함장하고 있는 것이 아니라, 함장된 종자들의 총합이 분별을 주도하고 있는 인식주체라는 것이지요. 그러므로 분별된 종자들의 총합을 식識이라고 부릅니다. 식이 된 분별, 곧 자신이 함장하고 있는 언어표상의 이미지가 인식 대상으로 전환될 때 비로소 지각된 인상을 알 수 있으므로 인연상들을 해석하는 주체가 함장식이라는 것입니다.

따라서 함장식에 저장된 분별종자로부터 자유롭지 못한 인식은 현재의 인식이 아닙니다. 왜냐하면 이미 갖고 있는 인식 내용이 현재의 생각으로 전환된 것이기 때문입니다. 전환된 생각이라 하여 현재의 인식을 '전식轉識'이라 합니다. 함장된 기억들이 현재의 인식 대상으로 전환하여 나타나면서 동시에 그것이 생각이 된 것입니다. 그렇지만 인식패턴에 대한 이와 같은 내용을 자각한다면, 자각한 내용도 함장되므로 기억된 인상에만 머물지 않는 알아차림도 가능하게 됩니다. 인연이 만든 분별상을 있는 그대로 알아차려 분별된 인연상에 머물지 않는다면 분별에서 분별을 떠난 것과 같기 때문입니다. 분별할 수밖에 없지만 분별에 머물지 않는 인연의 모습들을 자각하는 것이지요. 그러므로 분별에도 머물지 않고 분별없는 데도 머물지 않는 것이 인연을 자각하는 앎이 되며 함장된 기억의 재현만으로 인연을 보지 않는 앎이 됩니다.

머묾 없는 인연을 알아차리는 앎

분별로 나타나는 인연상도 그 자체로 변함없이 존재하는 실상이 아니므로 있음(有)에도 머물지 않아야 하고, 분별된 인연상을 끊임없이 해체하여 다른 분별상을 만들므로 없음(無)에도 머물지 않아야 합니다. 인식이 일어나고 사라지는 찰나의 인연이 있음에도 머물지 않고 없음에 머물지 않는 것을 여실하게 보여주고 있으니, 있는 그대로를 보는 것이 머묾 없는 인연을 알아차리는 앎으로 분별에서 분별을 떠나 머묾 없는 앎이 됩니다.

인연이 만들고 있는 모든 모습을 그 자체로 비춰 주고 있는 맑은 거울과 같은 청정한 마음에서 보면 어떤 분별도 있을 수 없으나, 특정한 색깔을 갖지 않는 마음이기에 모든 인연이 마음이 될 수 있어, 분별된 인연마다 그 모습 그대로 인연 자체가 됩니다. 청정한 마음에서 보면 없는 듯하지만 인연상에서 보면 있는 듯하니, 없음이 있음을 만들고 있음이 없음을 만들어 있음과 없음 어느 쪽으로도 기울지 않는 것이 머묾 없는 것이 됩니다. 곧 있음이 있음만으로 있음일 수 없고 없음 또한 그렇습니다. 있음이 없음을 동반하기에 있음이 되고 없음 또한 있음을 짝으로 하여 없음이 성립된다는 것입니다. 분별되지만 분별을 넘어서고 분별될 수 없지만 분별될 수 있는 까닭도 여기에 있습니다.

이름이 붙여지는 순간 이름 붙여진 그것 밖의 모든 타자가 배제되지만 배제된 모든 타자들도 이름이 붙여지면서 그것이 되므로 이름으로 상속되는 같음(同)과 타자가 배제되는 다름(異)이 성립될 수 있지만, 타자들과의 관계를 떠나서는 이름조차 있을 수 없으므로 같음이나 다름 또한 성립될 수 없습니다. '이름 지어 부를 수 있는 분별된 모습들(異)'도 '타자와의 관계(同)'에서만이 성립될 수 있다는 것입니다. 그러므로 법을 설명할 때는 분별에 치우친 경우라면 분별없는 실상을 이야기하여 분별에 머물지 않게 해야 하고, 분별 없는 것만 강조한다면 인연이 만든 분별상을 이야기하여 어느 쪽으로도 치우치지 않게 하여야 합니다. 항상 상대되는 관계를 잘 살펴 치우치지 않는 견해를 가지고 수행을 해야 합니다.

22. 참됨과 거짓 眞假

혜능 대사께서는 선천 2년 8월 3일에 돌아가셨다. 돌아가시기 일 년 전인 선천 원년에 신주 국은사에 탑을 세웠다. 그리고 선천 2년 7월에 문인들을 불러서 마지막 작별을 하였다.

혜능대사: 가까이 오게. 다음 달이면 내가 세상을 뜰 것 같네. 물어 볼 것이 있으면 물어 보게. 그대들의 의심을 해소해 헤매는 일이 없게 하고 평안하게 해 주고 싶네. 내가 간 후에는 그대들을 가르칠 사람이 없겠지.

법해 등 여러 스님들은 그 말을 듣고서 슬피 우는데, 오직 신회 스님만이 움직이지도 않고 울지도 않았다.

혜능대사: 신회는 나이가 어림에도 불구하고 좋고 나쁜 일에 평등한 마음을 얻어 비난과 칭찬에 움직이지 않는데 다른 사람들은 그렇지 못하는구나. 여러 해 동안 산중에서 도를 닦았는데 무슨 도를 닦았으며, 슬피 우는데 누구를 위하여 그렇게 우는가? 내가 갈 곳을 모를까봐 근심하는 것인가? 내가 갈 곳을 모른다면 오늘 이렇게 작별 인사를 하겠는가? 그대들이 슬피 운 것은 내가

갈 곳을 그대들이 몰라서 그럴 것이니, 내가 갈 곳을 안다면 울지 않으리라. 청정한 마음 바탕은 태어나고 죽는 것이 없으며 가고 옴도 없네.

 모두들 자리에 앉게. 내가 그대들에게 게송 하나를 줄 테니 모두들 다 외워 지니게. 이 게송은 '참과 거짓 그리고 움직임과 고요함'을 노래한 것으로 '진가동정게眞假動靜偈'라고 하네. 이 게송의 뜻을 알아차리면 그대들과 나는 바른 법을 아는 데서 같게 되네. 그러니 이 게송에 의지해서 수행하면 내가 그동안 가르쳐 준 근본 취지인 종지를 잃지 않을 것이네.

대중 스님들은 다 함께 스님께 예배를 드리고 게송을 남겨 주시기를 요청하고 공경하는 마음으로 받아 지녔다.

 어디에도 진실이 없으니
 진실을 보려하지 말라
 진실을 보았다고 하면
 보는 것이 도리어 진실이 아니네

 자기에게 진실이 있을 수 있다면
 거짓을 떠난 그 마음이 진실이니
 자기 마음에서 거짓을 보내지 못하면
 진실이 없으니 어디에 진실이 있을까

유정은 움직일 줄 알고

무정은 움직일 줄 모르니

움직이지 않는 것으로 도를 닦는다고 하면

움직이지 않는 무정과 같으리

참으로 움직이지 않음을 본다는 것은

움직임 그 자체에 움직이지 않음이 있는 것을 보는 것이니

움직이지 않음이 움직이지 않음에만 머문다면

정情도 없고 부처 될 종자도 없으리라

갖가지 모양들을 잘 분별하나

근본은 움직이지 않는 것이니

깨우쳐 이같이 볼 수 있다면

잘 분별해 보는 것, 그것이 곧 진여의 작용이다

도를 배우는 모든 이들에게 고하나니

부지런히 마음을 써서 배우되

대승의 문에 들어가고자 하면서

도리어 생사에 집착하는 알음알이를 내지마라

눈앞에 있는 사람과 뜻이 통한다면

부처님의 말씀에 대해서 이야기할 수 있지만

참으로 통하지 않는다면

그냥 인사 나누고 착한 일을 권하라

부처님의 가르침은 본래부터 논쟁하는 데에 없으니

논쟁하지 않는다고 도의 뜻이 없어지겠는가

미혹하여 법문으로 논쟁하기를 집착한다면

청정한 마음이 생사 속으로 들어가리라

大師先天二年八月三日 滅度 七月八日 喚門人告別 大師[先]天元年 於新州國恩寺造塔 至先天二年七月告別 大師言 汝衆 近前 吾(五)至 八月欲離世間 汝等 有疑早問 爲汝(外)破疑 當令迷者盡 使汝(與)安 樂 吾若去後 無人(入)敎汝(與) 法海等衆僧 聞已 涕淚悲泣 唯有神會 不動亦不悲泣 六祖言 神會小僧 却得善[不善]等 毁譽不動 餘(除)者 不得 數年 山中 更修何道 汝今悲泣 更有阿誰 憂吾不知去處在 若不 知去處 終不別汝 汝等悲泣 卽不知吾[去]處 若知去處 卽不悲泣 性體 (聽) 無生無滅 無去無來 汝等 盡坐(座) 吾與汝(如)一偈 眞假動靜 (淨)偈 汝(與)等 盡誦取 見此偈意 汝[與]吾同 依(於)此修行 不失宗 旨 僧衆禮拜 請大師留偈 敬心受持(特) 偈曰 一切無有眞 不以見於眞 若見於(衣)眞者 是見 盡非眞 若能自有眞 離假卽心眞 自心 不離假 無眞 何處眞 有情(性)卽解動 無情(性)卽不動 若修不動行 同無情不 動 若見眞不動 動上 有不動 不動 是不動 無情無佛種(衆) 能善分別 相 第一義不動 若悟作此見 則是眞如用 報諸學道者 努力須用意 莫

於大乘門 却執生死智 前頭人相應 卽共論佛語 若實不相應 合掌令歡喜(勸善) 此敎 本無諍 無諍 失道意 執迷諍法門 自性 入生死

앎과 변화가 삶을 관통하는 근본

삶의 순간들은 무상한 변화가 아닌 것이 없습니다. 무상이란 두 찰나를 이어 동일한 모습을 유지하지 않는다는 뜻이니, 순간이라고도 할 수 없는 찰나마다 다른 존재가 되는 것이 삶입니다. 삶은 연속되지 않는 단 한 순간의 삶입니다. 사는 주체가 삶의 변화를 타고서 변하는 것이 아닙니다. 무상한 한 순간이 삶의 전존재를 드러내는 한 순간입니다. 또한 순간마다의 다름이 앎이 되므로 앎만이 삶의 전부라고 할 수 있으며, 순간이 존재의 모든 것을 다 드러내므로 시간을 이어가면서 완성되어가는 삶도 없습니다. 앎의 한 순간들이 그 자체로 온전한 삶이 될 수밖에 없습니다. 변화와 앎 또한 인연의 순간들이 만들어 내는 것과 같으므로 삶을 관통하면서 변하지 않는 어떤 것이 변하거나 아는 것일 수도 없습니다.

삶은 찰나마다 온전히 다르면서 앎으로 전존재성을 다 드러내고 있습니다. 인연의 변화가 만들어 낸 앎이면서 앎으로 인연을 다 표현하고 있기 때문입니다. 변화가 앎이 되고, 앎이 되어야 인연이 이루어지기에, 앎과 변화가 삶을 관통하는 근본이 됩니다.

삶을 순간마다 다르게 드러내게 하는 동력인 무상한 인연은 마치 변하려는 의지와 같으니, 변하지 않는 것을 취해 삶을 보려고 하는 것은 처음부터 실패할 수밖에 없습니다. 그렇지만 안다는 사실만 놓고 본다면 앎이 마치 변화 밖에서 변화를 아는 것과 같으므로, 움직이지 않는 앎의 속성과 계합하는 일도 가능합니다.

그러므로 변하지 않는 것을 진실로 여기고, 그 진실을 보려 해서는 안 됩니다. 보는 것이 온 존재로 보는 것이어야 하며, 보는 행위 자체가 진실이어야만 합니다. 무엇이 변화를 알아차려 보는 것이 아닙니다. 보는 한 순간이 삶의 전부입니다. 봄이 진실하면 삶이 그대로 진실한 삶이 되고, 봄이 진실하지 않으면 진실하지 않는 삶이 됩니다. 찰나의 한 순간이 삶의 전부이기에 오고 감도 없고 생겨나고 없어지는 것도 없습니다. 삶의 본바탕이 그렇습니다. 앎으로 드러난 순간의 모습을 떠나 바탕이라고 할 수 있는 것도 없으므로, 움직임으로 드러난 그 순간이 움직이지 않는 한 순간이 될 수밖에 없습니다.

무엇이 시간을 지나가면서 움직이는 것이 아닙니다. 앎에 의해서 전후 찰나의 차이를 알고 기억하므로 시간을 지나가는 것 같지만 찰나마다 드러내고 있는 삶의 모습은 그 순간을 온전히 살고 온전히 죽습니다. 삶과 죽음으로 나누어 말할 수 있는 삶은 없습니다. 어디에서 와서 어떻게 살다가 어디로 가는 그런 삶은 없습니다.

삶의 매 순간은 오직 그 모습만으로 자신의 온 삶

　삶의 매 순간은 오직 그 모습만으로 자신의 온 삶이 됩니다. 이 삶 밖에 다른 진실과 진리가 없습니다. 그러므로 진리를 보려 하거나 진실을 알려 하면, 보고 알려는 그 마음이 진실이어야 하고 진리여야 합니다. 이 마음은 만들어진 마음이 아닙니다. 만들어진 마음과 만들어진 진리는 인연이 만들어 낸 모습을 손안에 쥐고 있는 것과 같습니다. 만들어진 삶은 인연 밖에서 인연을 살고 있는 것과 같은 삶으로 생동하는 인연을 놓친 삶입니다. 절대적이며 움직이지 않는 진실을 살고 있는 것 같지만 살아있지 않는 모습입니다.

　변화와 앎은 인연의 흐름에 따르면서 인연이 된 삶이 표현해 내고 있는 분별입니다. 분별이지만 변하고 변하면서 앎이 된 분별이니, 인연마다 깨어 있는 분별입니다. 이와 같은 분별은 머묾 없는 인연이 만든 앎이므로, 잠시도 움직이지 않는 적이 없지만, 분별을 취해 손안에 쥐지는 않습니다. 순간의 인연에 온전히 깨어 있으므로 변하는 가운데 변하지 않는 것과 같습니다.

　이것이 삶의 본래 모습입니다. 끊임없이 변하는 무상과 무상하지 않는 것 같은 앎이 함께 있는 것이지요. 그러므로 무상한 인연의 다름을 잘 분별해 알아차리면서도 분별된 모습에 머물지 않아야 합니다. 보았다고 여기는 진실과 진리를 갖고 있다면 본 진실과 진리가 자신을 얽어매고 있는 것과 같고, 보는 것이 진실이고 진리인 줄 안다면 진실과 진리조차 자신을 얽어매지 못할 것입니다.

23. 게송을 전함 傳偈

대중 스님들은 스님의 법문을 듣고 나서 대사의 뜻을 알게 되어, 다시는 논쟁하지 않고 가르침에 의지해서 수행하고자 다짐하면서 다 함께 예배를 드렸다. 문인들도 대사께서 살아계실 날이 얼마 남지 않은 줄 알게 됐다. 상좌 법해 스님이 스님께 물었다.

법해 스님 : 스님께서 돌아가신 후에는 가사와 법을 누구에게 당부하시겠습니까?

혜능 대사 : 법은 이미 당부해 두었으니 그대들은 그리 알고 있게. 내가 죽고 나서 20년쯤 지나면 삿된 법이 요란을 떨어 내가 가르쳐 준 근본 취지(宗旨)가 혼란스럽게 될 때 한 스님이 나와서 목숨을 아끼지 않고, 불교의 가르침에 대한 옳고 그름의 근거를 정하여 종지를 수립할걸세. 그것이 내가 전한 바른 법이네.

가사는 전하지 않는 것이 합당할 것 같아 전하지 않았네. 가사가 없어서 믿지 못하겠거든 내가 선대의 다섯 조사분들께서 가사를 전하고 법을 당부한 게송을 외워 줄 테니 잘 판단해 보게. 첫 번째 조사이신 달마 대사께서 전하신 게송의 뜻에 의거해 보면 가사를 전하는 것이 합당하지 않을 줄 알 것이네.

지금 외울 테니 잘 들어보게.

제1대 달마 스님

내가 당나라에 와서

부처님의 가르침을 전해 미혹한 사람을 구하니

한 꽃에 다섯 이파리가 피어나고

열매는 자연히 열리리

제2대 혜가 스님

본래의 인연이 땅에 있어

땅에 심은 씨앗에서 꽃이 피네

본래부터 땅이 없다면

꽃은 어디에서 필까

제3대 승찬 스님

꽃씨를 땅에 뿌려

그 땅에서 꽃이 피었다 하나

꽃씨에 꽃피게 하는 성질이 없다면

땅에 심었다 한들 꽃이 필까

제4대 도신 스님

꽃씨에 꽃피게 하는 성질이 있어

땅에 심으면 꽃이 피어나나

처음부터 인연이 맞지 않으면

어느 것도 생기지 않지

제5대 홍인 스님

사람이 씨를 뿌리니

무정이 꽃을 피우나

정情도 없고 종자도 없다면

마음밭에서도 꽃은 피지 않으리

제6대 혜능 스님

마음밭에는 정情도 있고 씨앗도 있어

법의 비가 내리면 꽃이 피네

꽃에 있는 정과 씨앗을 알아차리면

깨달음이라는 열매는 저절로 열리리

혜능 대사께서 계속 말씀하셨다.

혜능대사: 그대들은 내가 지은 다음의 두 가지 게송도 들어보게. 그 게송들은 달마 스님께서 지으신 게송의 뜻을 담은 것이네. 아직도 갈피를 잡지 못하고 있다면 이 게송에 의지하여 수행하도

록 하게. 반드시 청정한 마음자리를 볼 것이네.

제1송
마음밭에 삿된 꽃이 핀다면
다섯 이파리도 뿌리 따라 삿되게 되어
함께 무명의 업을 짓고
업이 일으키는 바람에 휘둘릴 것이요

제2송
마음밭에 바른 꽃이 핀다면
다섯 이파리도 뿌리 따라 바르게 되어
함께 반야의 지혜를 닦아
부처의 깨달음을 이루리라

육조 혜능 스님께서 게송을 들려주고 나서 대중들을 돌아가게 하셨다. 밖으로 나온 대중들도 대사께서 이 땅에 오래 계시지 않을 줄 알았다.

衆僧 旣聞 識大師意 更不敢諍 依法修行 一時禮拜 卽知(之)大師不永住世 上座法海向前言 大師 大師去後 衣法 當付何人 大師言 法卽付了 汝不須問 吾滅後二十餘年 邪法撩(遼)亂 惑我宗旨 有人出來 不惜身命 定(第)佛教是非 堅立宗旨 卽是吾正法 衣不合傳(轉) 汝不信 吾

與誦先代五祖傳衣付法頌(誦) 若據第一祖達磨頌意 即不合傳衣 聽吾(五)與汝誦(頌) 頌曰 第一祖達磨和尙 頌曰 吾本(大)來唐國 傳敎救迷情(名淸) 一花開五葉 結果(菓)自然成 第二祖惠可和尙 頌曰 本來緣有地 從地種花生 當本元(願)無地 花從何處生 第三祖僧璨和尙 頌曰 花種雖因地 地上種花(化)生 花種無生性 於地亦無生 第四祖道信和尙 頌曰 花種有生性 因地種花生 先緣不和合 一切盡無生 第五祖弘忍和尙 頌曰 有情來下種 無情花卽生 無情又無種 心地亦無生 第六祖惠能和尙 頌意 心地含情種 法雨卽花生 自悟(吾)花情種 菩提果(菓)自成 能大師言 汝等 聽吾作二頌 取達磨和尙頌曰 汝迷人 依此頌修行 必當見性 第一頌曰 心地 邪花放 五葉 逐根隨 共造無明業(葉) 見被業(葉)風吹 第二頌曰 心地 正花放 五葉 逐根(恨)隨 共修般若惠 當來佛菩提 六祖說偈已了 放衆生散 門人 出外思惟 卽知大師 不久住世

마음마다 인연 그 자체가 되어

작용하거나 작용하지 않거나 마음은 그 상태로 이미 특별한 상태입니다. 이 마음을 다른 상태로 만들려고 하는 것은 인연의 의지를 넘어섭니다. 인연의 의지를 넘어서려는 마음결은 거친 파도를 일으키니 스스로 쓸데없이 번뇌를 만드는 것과 같지요.

마음으로 드러나는 인연은 인간만의 인연도 아니며, 생물과 무생물의 경계도 넘어서는 인연이기에, 인간으로 살아온 자취로 인연을 재구성하여 알아차리는 우리의 의식으로는 다 알아차릴 수 있는 경계가 아닙니다. 때문에 경계가 뜻대로 나타나기를 바라는 마음은 번뇌를 만드는 마음이 될 수밖에 없습니다. 또한 뜻대로 나타난 듯 보이는 경계조차 인연 따라 흐르니 잡으려 해도 잡을 수 없어, 잡으려는 마음이 번뇌를 만드는 마음이 되고 맙니다. 그러므로 뜻대로 된 듯해도 기쁨으로 들뜨지 말고 고요해야 하며, 뜻대로 되지 않는 듯해도 슬픔으로 들뜨지 말고 고요해야 합니다.

　마음이 기쁨과 슬픔에 따라 들뜨지 않는다면 불행과 상대하지 않는 행복한 마음 상태를 경험하게 됩니다. 나아가 행복조차 넘어선 온전한 고요 속에 번뇌 없는 마음 상태를 경험하게 되면서 마음마다 인연 그 자체가 되어 지금 여기를 온전히 살게 됩니다. 무엇이 된 듯한 자신이 존재의 뿌듯함을 안겨준다고 할지라도, 인연이 된 자신의 모습이 그 모습 그대로 완성된 존재인 줄 알게 되는 깨달음에는 미칠 수 없습니다. 존재하는 모습 그대로가 삶의 자부심으로 빛나게 되기 때문입니다. 빛나는 자부심은 인식에 의해 형성된 것이 아닙니다.

　누구든지 지금 쓰고 있는 마음이 이미 완성된 인연으로 빛나는 마음입니다. 조사 스님들의 가르침이 빛나는 인연을 들추어내는 역할을 하기는 하지만, 전해지고 전해 받는 마음이 빛나는 것이 아닙니다. 인연의 마음은 전할 수도 받을 수도 없습니다. 오직 생명 하나하나마다 온전한 다름 속에서 인연으로 하나 된 세계를 연출하면서 스스로 빛나고 있습니다.

그러므로 마음 하나 알아차리는 것은 마음이라는 것을 찾는 것이 아닙니다. 알아차리는 마음이 그 모습 그대로 온전한 인연인 줄 알고 그것 밖에 다른 마음을 찾는 것을 내려놓는 것입니다. 보는 마음과 알아차리는 마음이 빛나는 인연이며 더할 나위 없는 자부심입니다. 그 마음에 색깔을 입혀 빛나는 모습을 담는 것이 빛나는 마음이 아닙니다. 무엇이 되려는 미래의 삶도 내려놓고 무엇이 되지 못한 듯한 과거의 삶도 내려놓은 마음입니다.

내려놓은 마음은 일어나고 사라지는 생각이 어떤 모습이기를 바라거나 어떤 모습이었기를 바라는 욕망을 갖지 않습니다. 무엇이 될 자기를 바란다고 하면 부족한 나를 만드는 것과 같습니다. 과거가 부족한 나였기에 미래를 꿈꾸면서 현재를 고단하게 합니다. 미래의 나를 부족함이 없이 만들려는 욕망이 욕망을 키우고 있는 것과 같으므로, 미래의 어느 순간에도 결코 온전한 자신을 살기가 어렵게 됩니다. 욕망하는 의지가 욕망을 키우고 있기 때문이며 키워진 욕망이 현재를 불만스럽게 만들기 때문입니다.

깨달음도 그렇습니다. 깨닫지 못한 마음을 깨달은 마음으로 만들어 가는 것이 아닙니다. 부족했던 것 같은 과거를 연상하면서 부족함이 없는 미래를 만들려는 욕망이 부족한 현재를 살게 하는 줄 아는 것이며, 앎으로 빛나는 마음은 한 번도 부족함이 없었다는 것을 있는 그대로 보는 것입니다.

삶의 모든 순간이 그대로 꽃이 된 인연

마음을 열반이라는 특별한 마음으로 만들어 열반이 되는 것이 아닙니다. 번뇌 없는 열반은 만들어지는 것이 아닙니다. 만들어진 마음은 시공간 밖에서 무상하지 않는 어떤 것으로 존재하는 듯하며, 지금 작용하고 있는 무상한 인연을 비켜서 있는 듯하여, 잡힐 듯하지만 결코 잡히지 않습니다.

그러므로 인연에 비켜서 있는 듯한 마음을 찾으려고 하지도 않고, 번뇌를 내려놓으려는 생각조차 않는다면, 번뇌가 더 이상 번뇌로 작용하는 힘을 잃게 됩니다. 번뇌가 열반이 된 순간입니다. 번뇌도 실체가 없으며 열반 또한 실체가 없기 때문입니다. 번뇌가 형성되고 나서 번뇌에 상대한 이름이 열반이라고 한다면 번뇌가 열반을 만든 것 같고, 열반조차 실체가 없는 줄 자각하지 못한 마음이 열반을 번뇌로 만든 것 같지만, 마음을 온전히 자각하는 마음은 번뇌도 뛰어 넘고 열반도 뛰어 넘습니다.

그러므로 마음에서 마음으로 마음을 전한다는 것은 조사의 특별한 마음을 후대에 전하는 것이 아닙니다. 마음 하나 살펴 알고 자각하여 번뇌도 없고 열반도 없는 것을 알아, 버리지도 않고 취하지도 않는 삶을 사는 것이 조사의 마음을 전해 받은 마음입니다. 이 마음은 법계의 마음이며 인연의 마음이며 어느 것 하나 부족함이 없는 마음으로 존재의 자부심을 빛나게 합니다.

따라서 찾고 구하는 그 마음 밖에 찾아야 할 다른 마음이 없는 줄 알아야 하며, 스스로의 현재를 있는 그대로 보면서, 부족하다고 여긴 자신의 존재가 법계의 인연이 된 존재라는 것을 알아야 합니다. 있는 그대로를 보고 알아차려 스스로의 존재 근거가 법계의 인연인 줄 알게 되면 부족하다고 여기면서 부족함을 채우려는 욕망이 바탕이 된 인식의 근거를 전환시킬 수 있습니다. 인식 근거의 전환을 통해서 부족한 마음이 충만한 마음으로 바뀐 듯해도, 실상에서 보면 이미 완성된 인연의 빛이 자신의 인식 근거인 줄 아는 것입니다. 가르침을 통해서 스스로의 존재양상을 알게 되므로 전해진다고 볼 수도 있지만, 생명 그 자체가 본디 갖추고 있는 빛나는 인식 근거이므로 스스로 빛난다고 해야겠지요.

    게송으로 법을 이야기하면서 꽃을 피우게 하는 인연에 비유하는데, 이것을 꽃으로 피어나야만 인연이 완성되는 것으로 이해해서는 안 됩니다. 삶의 모든 순간이 그대로 꽃이 된 인연이라는 뜻이기 때문입니다. 자신의 존재를 꽃으로 만들어야 완성된 존재가 된다고 여기면서 꽃이 되기를 바란다면, 바라는 마음에 의해서 자신이 꽃이 되지 못한 존재가 되고 맙니다. 찾고 구하려는 마음조차 꽃이 된 마음이며 부족함이 없는 마음인 줄 알아야 합니다. 이것이 조사 스님들의 게송이 전해준 뜻입니다.

24. 법을 전한 계통 傳統

육조 스님께서 돌아가신 날인 8월 3일, 공양을 마친 스님께서 말씀하셨다.

혜능 대사 : 모두들 자리에 앉게. 이제 마지막 고별을 하겠네.

법해 스님 : 스님께서 말씀하신 돈교법이 전수된 것은 지금까지 몇 대째입니까?

혜능 대사 : 과거의 일곱 분 부처님으로부터 전수되었는데, 석가모니 부처님이 일곱 번째로 전수 받은 분이며, 제8대 대가섭, 제9대 아난, 제10대 말전지, 제11대 상나화수, 제12대 우바국다, 제13대 제다가, 제14대 불타난제, 제15대 불타밀다, 제16대 협비구, 제17대 부나사, 제18대 마명, 제19대 비라장자, 제20대 용수, 제21대 가나제바, 제22대 마후라, 제23대 승가나제, 제24대 승가야사, 제25대 구마라타, 제26대 사야다, 제27대 바수반두, 제28대 마나라, 제29대 학륵나, 제30대 사자비구, 제31대 사나바사, 제32대 우바국, 제33대 승가라, 제34대 수바밀다, 제35대 보리달마(남천축국 왕자의 셋째 아들), 제36대 혜가(당나라 스님), 제37대 승찬, 제38대 도신, 제39대 홍인, 제40대 혜능까지로 40대 일세.

대사께서 계속해서 말씀하셨다.

혜능대사: 오늘부터는 서로 서로 전수하여 의지하고 믿을만한 기준을 갖추어서 종지를 잃지 않도록 하게.

六祖後至八月三日 食後 大師言 汝等著(善)位坐(座) 吾(五)今共汝(與)等別 法海問(聞)言 此頓敎法傳授(受) 從上已來 至今幾代 六祖言 初傳授(受)七佛 釋迦牟尼佛 第七 大迦葉第八 阿難第九 末(未)田地第十 商那和修第十一 優婆掬多第十二 提多迦第十三 佛陀(陁)難提十四 佛陀(陁)蜜多第十五 脇比丘第十六 富那奢第十七 馬鳴第十八 毗羅長者第十九 龍樹第二十 迦那提婆第廿一 羅睺羅第廿二 僧迦那提第廿三 僧迦耶(那)舍第廿四 鳩摩羅馱第廿五 闍耶多第廿六 婆修盤多第廿七 摩拏羅第廿八 鶴勒那第廿九 師子比丘第卅 舍那婆斯第卅一 優婆堀第卅二 僧迦羅第三十三 須婆蜜多第三十四 南天竺(竹)國王子第三子菩提達磨第三十五 唐國僧惠可第三十六 僧璨第三十七 道信第三十八 弘忍第三十九 惠能自身 當今受法第四十(十四) 大師言 今日已後 遞相傳授(受) 須有依約 莫失宗旨

열반에 이르는 길이 마음 밖에 따로 없다

뭇 생명의 안녕과 행복을 위한 부처님의 가르침이 마음에서 마음으로 전해 왔습니다. 그것은 열반에 이르는 길이 마음 밖에 따로 없기 때문입니다. 마음 하나에 열반의 덕성이 다 갖추어져 있습니다. 그러므로 마음을 아는 것이 단지 마음 하나 아는 것이 아니라 생명의 본래 모습을 아는 것입니다. 생명의 본래 모습은 어느 것에도 머물지 않는 빈 마음입니다.

따라서 빈 마음을 경험하고 빈 마음속에 가득한 공덕을 보아야 합니다. 그렇게 되면 스스로를 부족하다고 여기는 번뇌의 마음이 공덕이 충만한 열반의 마음인 줄 알게 됩니다. 이 마음을 보고 안다고 하여 번뇌의 마음이 열반의 마음이 된 것은 아닙니다. 실상에서 보면 바뀔 마음이 없기 때문입니다. 따라서 마음을 알아차린다는 것은 보고 아는 그 마음이 보이고 알려지는 마음임을 자각하는 것입니다. 보고 아는 하나하나의 마음이 바로 청정한 마음 그자체입니다.

조사의 마음을 전해 받은 것 같은 그런 마음이 열반의 마음으로 우리 앞에 다가오는 것이 아닙니다. 마음에서 마음으로 전해진다고 하더라도 전해지는 것이 따로 없습니다. 전했지만 전해 받을 것이 없는 줄 알고 전해 받지 않았지만 걸림 없는 마음 씀이 법을 전해 받은 마음입니다.

25. 참 부처 眞佛

법해 스님이 또 물었다.

법해 스님 : 스님께서는 무슨 법을 남기고 부촉하여 뒷사람들로 하여금 어떻게 부처를 보게 하시겠습니까?

혜능 대사 : 그대들은 잘 듣게. 뒷날의 미혹한 사람일지라도 다만 중생을 알기만 하면 곧 부처를 볼 수 있을 것이며, 중생을 알지 못한다면 만겁토록 부처를 찾아도 부처를 볼 수 없을 것이네.

내가 오늘 그대들에게 '중생을 알고 부처를 보는 법'을 가르쳐 주겠네. 해서 '참 부처를 보고 해탈하는 노래(見眞佛解脫頌)'를 남기겠네. 미혹하면 부처를 보지 못할 것이요, 깨달으면 볼 것이네.

법해 스님 : 듣기를 원합니다. 아울러 대대로 전해서 끊어지지 않게 하겠습니다.

혜능 대사 : 그대들은 잘 듣게. 그대들을 위해 이야기하겠네. 뒷날 세상 사람들이 부처를 보고자 할진대 다만 자기 마음에 있는 중생을 알기만 하면 되네. 그러면 부처를 알 수 있네. 중생이 있기에 부처도 있는 것이지, 중생이 없다면 부처의 마음도 없지.

미혹하면 부처가 중생이요

깨달으면 중생이 부처

어리석으면 부처가 중생이요

지혜로우면 중생이 부처

마음이 사나우면 부처가 중생이고

마음이 평등하면 중생이 부처이니

일생동안 마음이 사납다면

부처가 중생 가운데 있고

한 생각에 깨쳐 마음이 평등하다면

중생 그대로가 스스로 부처라네

내 마음에 스스로 부처가 있고

스스로 있는 부처가 진짜 부처이니

스스로에게 부처 마음이 없다면

어디에서 부처를 구할까

혜능 스님께서는 말씀을 계속 이어가셨다.

혜능 대사 : 그대들은 잘 지내게. 내가 다시 '청정한 마음자리가 진짜 부처며 해탈'이라는 자성진불해탈송 自性眞佛解脫頌을 남

기겠네. 뒷날 미혹한 사람이 이 게송을 듣고 그 뜻을 이해한다면 스스로의 마음에서 '청정한 마음 그 자체가 진짜 부처'임을 볼 것이네. 그대들에게 이 게송을 외워 주고 나서 작별을 고하겠네.

있는 그대로의 청정한 마음자리가 진짜 부처요
삿된 견해와 탐진치 삼독은 참으로 마군이지
삿된 견해를 갖고 있는 사람은 마군이가 집에 있고
바른 견해를 갖고 있는 사람은 부처도 넘어서지

마음자리에서 삿된 견해와 삼독심이 생기면
마왕이 와서 사는 집이고
바른 견해로 삼독심을 제거하면
마왕이 변하여 부처가 되니 진실로 거짓이 없네

화신과 보신 그리고 청정한 몸인 법신
이 세 몸이 본래 한 몸이니
몸 가운데를 향해서 스스로 보는 것을 찾는다면
그것은 부처의 깨달음을 이룰 인연

본래 화신에서 청정한 성품이 생겨나고
법신의 청정한 성품도 항상 화신 가운데 있으므로
법신의 청정한 성품이 화신에게 바른 도를 행하게 하면

장래에는 공덕이 원만한 보신이 되어 참으로 무궁하리라

음욕의 성품이 본래 몸인 법신의 청정한 원인이라
음욕의 성품을 제거하고는
청정한 성품의 몸인 법신이 따로 없으니
성품 가운데서 오욕락을 스스로 여의기만 하면
찰나에 성품을 보리니 이것이 참됨이네

이번 생에 돈교의 가르침을 깨닫는다면
눈앞에서 부처님을 보겠지만
수행해서 부처를 찾고자 한다면
어디에서 참됨을 찾는 줄을 모르지

몸 가운데 스스로 참됨이 있고
몸에 있는 참됨이 부처 이룰 인연이니
자신에게서 참됨을 찾지 않고 밖에서 부처를 찾는다면
찾아가는 것마다 크게 어리석은 짓거리

이미 돈교의 법문을 남겼으니
세상 사람들을 제도하고자 할진대 스스로 닦아야 하리
이제 세상의 도를 배우는 사람들에게 알리나니
돈교의 법문에 의지하지 않는다면 참으로 아득할 것이로다

法海又白 大師今去 留付何法 令(今)後代人 如何見佛 六祖言 汝聽 後代迷人 但識衆生 卽能見佛 若不識衆生 覓佛萬劫 不得見也 吾(五)今敎汝 識衆生 見佛 更留見眞佛解脫頌 迷卽不見佛 悟者卽見 法海願聞 代代流傳 世世不絶 六祖言 汝聽 吾與汝(汝與)說 後代世人 若欲覓佛 但識自(佛)心衆生 卽能識佛 卽緣有衆[生] 離衆生無佛心 迷卽佛 衆生 悟卽衆生 佛 愚癡 佛 衆生 智慧 衆生 佛 心險(劒) 佛 衆生 平等 衆生 佛 一生 心若險(劒) 佛在衆生中 一念悟(吾)若平 卽衆生 自佛 我心自有佛 自佛 是眞佛 自若無佛心 向何處求佛 大師言 汝等門人 好住 吾留一頌 名自性眞佛解脫頌 後代迷[人] 聞(門)此頌意「意」卽見自心自性眞佛 與汝此頌 吾共汝別 頌曰 眞如淨性 是眞佛 邪見三毒 是眞魔(摩) 邪見之人 魔(摩)在舍 正見之(知)人 佛則過 性中(衆)邪見三毒生 卽是魔王來住舍 正見自除(忽則)三毒心(生) 魔(摩)變成佛眞無假 化身報身及淨身 三身 元本是一身 若向身衆覓自見 卽是[成]佛菩提因 本從化(花)身生淨性 淨性 常在化(花)身中 性使化(花)身行正道 當來圓(員)滿眞無窮 婬性 本身淸淨因 除婬卽無淨性身 性中 但自離五(吾)欲 見性刹那卽是眞 今生 若悟(吾)頓敎門 悟卽眼前見世(性)尊 若欲修行云覓佛 不知何處欲求眞 若能身中自有眞 有眞卽是成佛因 自不求眞外覓佛 去覓惚是大癡人 頓敎法門 今已留(者是西流) 敎(求)度世人須自修 今報(保)世間學道者 不依(於)此是大悠悠

마음 밖에 중생도 없고 부처도 없다

앎과 기억으로 일어나고 사라지는 마음 현상에는 중생으로서의 앎과 기억, 그리고 부처로서의 앎과 기억이 있는 듯합니다. 하나의 사건에 겹쳐 있는 두 가지 면이라고 할 수 있습니다. 인연 따라 일어나고 사라지는 모습을 있는 그대로 보면서 이미 형성된 앎과 기억을 통해 이익과 손해 등으로 마음이 흔들리지 않는다면 머물지 않는 앎과 기억으로 부처님의 지혜가 되고, 형성된 앎과 기억을 통해 이익과 손해 등으로 마음이 흔들린다면 이익과 손해 등 허망한 분별에 머문 것으로 중생의 앎과 기억이 되고 말겠지요. 부처님의 지혜와 중생의 앎이 다른 것으로 있는 듯하지만 일어나고 사라지는 인연의 사건들을 어떻게 보고 아는가에 따라 다르다는 것입니다.

마음의 작용으로 나타나는 앎과 기억에 의해 중생도 되고 부처도 되는 상황입니다. 그러므로 마음 밖에 중생도 없고 부처도 없습니다. 그렇다고 마음이라는 것이 일상의 경험 안쪽에 따로 실재하는 것도 아닙니다. 마음조차 인연입니다. 인연으로 형성된 앎과 기억이 마음의 작용이 된 듯하지만 인연 밖에 마음이 없으니 마음에 의한 앎과 기억도 아닙니다. 그렇지만 마음이라고 이야기할 수 있는 작용이 있어야 인연이 앎과 기억을 구성하고 재현할 수 있으니, 마음에 의한 앎과 기억이 아니라고 할 수도 없습니다. 마음이 없으면 인연을 알아차려 변화하는 관계망이 형성되지 않을 듯하고, 인연의 다름이 없다면 앎과 기억도 형성될 수 없으니, 마음이 인연의 모든 것이 된 듯하고 인연이 마음으로 자신을 드러낸 듯합니다.

　모든 것을 분별하여 그것이 될 수 있게 하는 찰나의 흐름 하나하나가 마음이면서 인연의 총상입니다. 분별하므로 낱낱 모습이 앎과 기억으로 남겨지고, 남겨진 앎과 기억이 다시 인연을 분별하면서 마음이 되고 인연이 됩니다. 하나의 모습에 담겨 있는 실상을 분명하게 살펴 안다면, 분별된 하나의 모습만을 아는 것이 아니라 인연의 총상과 마음을 알 수 있고, 마음을 안다면 분별된 모습에 머물지 않고 인연의 총상에 수순하여 흐를 것입니다. 마음을 알아 머물지 않는 흐름이 될 때 인연의 순간들에 항상 깨어 있는 것과 같으니 삶의 순간들이 부처님의 지혜로 빛나게 된 순간입니다. 흐름에 수순한 인연의 다름들이 그 자체로 늘 앎과 기억을 만들고 남기며, 동시에 만들고 남기는 기억을 해체하면서 다름으로 인연의 모습들을 드러내고 있기 때문입니다.

　앎과 기억이 되는 것이 현재 한 순간의 마음이 되니, 마음 하나에 삼세와 시방이 펼쳐질 수 있고, 동시에 새로운 삼세와 시방을 만들어 끊임없이 앎과 기억을 상속시킬 수 있습니다. 상속에서 보면 시간과 공간이 연속되는 것과 같고, 차이가 만들어 낸 상속이라는 데서 보면 늘 새로운 시간과 공간인 듯합니다. 때문에 상속을 부정하여 시공간이 본래부터 있을 수 없다고 하거나, 상속만을 보고 시공간이 항상 있다고 여기는 것은 인연의 모습들이 펼치고 있는 시공간에 대한 바른 이해라고 할 수 없습니다.

뭇 생명 모두가 그 모습 그대로 부처

　분별된 모습들을 만들지만 그 모습에 머물지 않고, 머묾 없이 흐르지만 끊임없이 분별상을 만들면서 앎과 기억으로 작용하는 것, 이것이 마음이 된 인연의 작용이며 인연이 마음이 되어 나타난 실상입니다. 더구나 분별된 모습마다 그 모습 그대로 인연의 총상이 되고 인연 그 자체가 되니, 분별된 모습이 시공간의 한편을 차지하여 다름만으로 존재하는 것도 아닙니다. 분별된 모습에서 보면 같은 것이 하나도 없고, 인연의 총상이 분별로써 마음을 나타낸다는 데서 보면 다른 것이 하나도 없습니다. 다른 모습으로 살아있는 뭇 생명 모두가 그 모습 그대로 총상으로서의 인연을 사는 부처의 모습입니다.

　인연으로 한 모습이면서 온갖 다름으로 인연을 드러내니, 같은 것도 없고 다른 것도 없습니다. 모습을 드러내면서 빈 모습이 되고, 빈 모습이 인연 따라 모습을 드러내므로 모습(相)도 빈 모습(空相)도 자체만으로의 모습(自相)이 없습니다. 이것이 뭇 생명들의 실상입니다. 인연에 수순하는 생명의 흐름이 온갖 인연을 다 담아 찰나마다 다른 모습을 드러내 머물지 않는 생명의 실상을 보여주는 것이지요.

　그러므로 부처가 되어야 중생이 아닌 듯하지만, 애초부터 중생과 부처라고 할 것이 따로 없으니, 중생 그대로가 부처가 될 수밖에 없습니다. 부처라는 특별한 모습으로 변해야 부처가 되는 것이 아닙니다. 뭇 생명(衆生) 모두가 우주 법계의 역사를 담아 지금의 모습으로 생명 활동을 하기에 하나의 생명이면서 여러(衆) 생애(生)의 생명이 되기 때문이며, 인연으로 어울린 생명관계에 의해서 하나의 생명도 그 모습 그대로 뭇(衆) 생명(生)이 되기 때문입니다. 곧 생명마다 자신의 모습을 바꾸지 않고도 시방 삼세의 모든 생명을 담아 자신이 되는 것이니, 생명은 원래부터 그 모습 그대로 특별합니다. 특별한 존재 가치를 구현해야 자신이 생명으로서 존재 이유를 갖는 것이 아닙니다. 특별한 존재 이유야말로 만들어진 이미지로 자신을 얽어매는 허상이 되고 뭇 생명을 묶는 끈이 됩니다.

그 모습 그대로가 존재 이유이므로 더 이상 다른 존재 이유가 필요치 않습니다. 그럼에도 불구하고 이런 저런 이유를 만들어 그것으로 삶을 재는 척도로 삼는 것은 스스로를 부족한 존재로 만들 뿐만 아니라 이웃조차 부족한 존재로 규정하는 것이니, 만들어진 이미지야말로 생명 현상을 왜곡하는 척도가 될 수밖에 없습니다. 잠시도 머묾 없이 법계의 인연과 함께하는 마음은 어떤 이미지에도 머물지 않기에, 만들어진 이미지는 생명활동의 역사만큼 생명의 흐름과 동떨어집니다. 분별을 만들지만 분별된 모습에 머물지 않는 것이 생명의 활동이기 때문입니다.

이와 같은 생명의 활동을 자각하는 것이 분별에 머물지 않는 앎과 기억으로, 부처님의 지혜입니다. 마음 하나에서 일어나고 있는 인연의 분별들을 잘 살펴 알아차리면서 분별된 이미지에 머물지 않는 앎입니다. 중생이라는 존재 이유가 부처라는 존재 이유로 바뀐 앎이 아니라 머물지 않는 생명 활동을 자각하는 앎입니다. 부처라는 존재 이유를 만들어 갖는 것이 부처가 되는 것이 아닙니다. 뭇 생명의 생명활동인 머물지 않는 인연의 흐름을 자각하고, 분별하여 갖고 있는 이미지에 매이지 않는 앎이야말로 생명 본연의 모습을 자각한 앎이며, 그것이 생명의 존재 이유임을 아는 앎이며, 더 이상 허상에 속지 않는 앎입니다.

　인식의 근거가 바뀌었기에 지혜가 생겨났다고 할 수 있지만, 본래부터 작용하고 있는 인연의 앎을 비로소 자각한 것이므로 새로 생겨난 앎이라고 할 수도 없습니다. 비로소 자각했다는 사건을 기준으로 앞과 뒤가 바뀐 듯하지만, 삶의 존재 이유가 바뀔 수 없기에 뭇 생명 모두가 인연을 다 담아 자신의 모습으로 부처의 모습을 드러내고 있습니다. 중생 속에 부처가 있는 것도 아니고 중생 밖에 부처가 있는 것도 아닙니다. 바뀐 듯한 마음 하나가 중생이 되기도 하고 부처가 되기도 합니다.

3장

멸도와 후기

1. 멸도 滅度

혜능 대사께서 게송을 일러주시기를 마치고는 문인들에게 말씀하셨다.

혜능 대사 : 이제 그대들과 헤어질 시간이네. 앞으로 잘 지내게. 내가 죽고 나거든 세상 사람들처럼 감정에 치우쳐 슬피 울지 말고, 사람들의 조문과 금전과 비단도 받지 말고, 상복을 입지도 말게. 그것은 성스러운 법도가 아니며 그렇게 한다면 나의 제자가 될 수 없네.

단지 내가 평소에 하던 대로 잠시 동안 단정히 앉아서, 움직이지도 않고 고요하게도 하지 않으며, 일어남도 없고 없어짐도 없으며, 감도 없고 옴도 없으며, 옳음도 없고 그름도 없으며, 머무름도 없고 떠나감도 없이 평안한 마음으로 적정하게 보낸다면 이것이야말로 크나큰 법도를 실천하는 모습이네.

수행을 잘 해 나간다면 내가 살아 있는 날과 다름이 없으나, 내가 살아 있다고 해도 그대들이 돈교의 법문을 실천하지 않는다면 내가 머무르는 것이 무슨 이익이 있겠는가.

이 말씀을 마지막으로 남기고 그날 밤 삼경에 문득 돌아가시니 대사의 춘추는 일흔 여섯이었다. 대사께서 돌아가신 날, 절 안에는 기이한 향내가 가득하였고, 여러 날이 지나도록 흩어지지 않았다. 산이 무너지고 땅이 흔들렸으며, 숲의 나무들도 흰색으로 변했으며, 해와 달도 빛이 없어졌고, 바람과 구름도 빛깔을 잃었다.

8월 3일에 돌아가시고 11월에 스님의 영구를 조계산에 모시고 장사를 지내던 날, 용감(성자의 유체를 모시는 관) 속에서 흰 빛이 나와 곧장 하늘로 솟구치다가 이틀만에야 흩어졌다. 소주 자사 위거가 비를 세우고 지금까지 공양하고 있다.

大師說偈已了 遂告門人曰 汝等 好住 今共汝別 吾去已後 莫作世情 悲泣 而受人弔問(門)錢帛 著孝衣 即非聖法 非我弟子 如吾在日一種 一時端坐 但無動無靜(淨) 無生無滅 無去無來 無是無非 無住[無往] 坦(但)然寂靜(淨) 即是大道 吾去已後 但依(衣)法修行 共吾在日一種 吾若在世 汝違教法 吾住無益 大師云此語已 夜至三更 奄然遷化(花) 大師春秋七十有六 大師滅度之(諸)日 寺內異香氳氳 經數日不散 山崩(朋)地動 林木變白 日月無光 風雲失色 八月三日 滅度 至十一月 迎和尙神座於曹溪山葬 在龍龕之內 白光 出現 直上衝天 二日始散 韶州刺使韋璩(處)立碑 至今供養

2. 후기 後記

단경은 상좌인 법해 스님이 모은 것이다. 법해 스님이 돌아가신 뒤로는 동학인 도제 스님께 부촉하였고, 도제 스님이 돌아가신 뒤로는 오진 스님께 부촉하였고, 오진 스님은 영남 조계산 법흥사에 계시면서 지금도 단경의 가르침을 전수하고 있다.

만일 단경의 돈교법을 부촉하고자 할 때는 상근기의 지혜를 갖추고 마음으로 불법을 믿으며 대자비를 실천할 뜻을 세운 사람에게 단경을 지니게 하고 단경을 의지하여 그 뜻을 이어가게 해야 한다. 그렇게 하였기에 지금까지 끊어지지 않고 전승되고 있다.

법해 스님은 본래 소주 곡강현 사람이다. 여래께서 열반에 드시고 난 후에 불법의 가르침이 동쪽 땅으로 널리 전파되었는데 모두 다 '머묾 없다(無住)'는 가르침을 전하였다. 그것은 마음이 '머물지 않는 것'과 같다. '머묾 없다'는 가르침은 진정한 보살께서 말씀하신 참된 종지며 진실한 비유를 실천하는 길이므로, 오직 큰 지혜를 갖춘 사람에게 가르쳐서, 그들로 하여금 단경의 종지에 의지하게 해야 한다.

이 말은 무릇 많은 사람들을 제도하기를 서원하고, 수행하고 수행해서 어려움을 만나서도 물러서지 않으며, 괴로움을 만나서도 참을 수 있는, 복과 덕이 깊고 두터운 사람에게 단경의 돈교법을 전수해야 한다는 것이다. 만일 근성이 참을성이 없고 자질이 부족하다면 단경의 돈교법을 구한다고 할지라도 감당할 수 없을 것이니 전수해서는 안 되고, 계율을 어기고 덕이 없는 사람에게는 망령되이 단경을 부촉해서는 안 된다.

이렇게 하는 것은 같은 길을 가는 모든 수행자에게 단경의 종지를 알려 그들로 하여금 '마음이야말로 수행자가 의지해야 할 경전이라는 부처님의 뜻'을 알게 하고자 하는 것이다.

此壇經 法海上座集 上座無常 付同學道漈 道漈無常 付門人悟眞 悟眞 在嶺南曹溪山法興寺 見今傳授(受)此法 如付此(山)法 須得(德) 上根(恨)智(知) 心身佛法 立大悲持此經 以爲依(衣)承 於今不絶 和尙 本是韶州曲江縣(懸)人也 如來入涅槃(盤) 法敎流東土 共傳無住 卽我心無住 此眞菩薩 說眞宗(示) 行實喩 唯敎大智人 是旨依(衣) 凡度誓修修行行 遭難不退 遇苦能忍 福德深厚 方授此法 如根性 不堪 材(林)量 不得 須求此法 違律(立)不德者 不得妄付壇經 告諸同道者 令知密(諸蜜)意

마음을 의지해야 할 경전으로 삼아

부처님의 마음을 아는 것으로 부처가 된다고 하면 부처님 이외의 누구도 부처가 될 수 없겠지요. 곧 부처의 마음을 아는 것이 존재 이유가 아니고, 모든 존재들은 그 모습 그대로 온전히 자신의 존재 이유가 된다는 것입니다. 여러 인연에 의해서 드러나는 모습을 어느 것 하나 놓치지 않고 받아들이면서 그 모습 그대로가 앎이 되게 하는 청정한 마음이 뭇 생명의 본래 마음이며 존재의 근본이기 때문입니다.

그렇기에 중생 세계도 펼쳐지고 부처 세계도 열릴 수 있습니다. 이 마음은 몸과 상대하는 어떤 마음을 가리키는 것이 아닙니다. 인연을 다 드러내고 있는 앎입니다. 그러므로 일어나고 사라지는 앎이 앎 스스로를 자각하는 것과 같은 사건이 발생하는 것이 마음을 아는 것입니다. 마음을 알아야만 존재 이유의 본질을 알 수 있기 때문에 마음을 알아야 한다고 합니다.

이 마음은 알려지는 대상으로서의 마음도 아니지만 자각하는 앎으로 드러나지 않는 마음도 아니기 때문에 인연이 된 마음을 알 수 있고, 마음이 인연이 되기에 머물지 않는 흐름에 관계하는 모두가 한 마음으로 존재한다고 할 수도 있습니다.

이 마음을 '의지해야 할 경전(所依經典)'으로 삼아 공부할 것을 주창하신 분께서 돌아가셨습니다. 그렇지만 스님께서 말씀하신 바와 같이 단박에 깨치는 마음공부를 한다면 스님께서 곁에 계신 것과 같을 것입니다.『육조단경』과 인연이 있는 분들 모두가 혜능 스님과 함께하시길 바랍니다.

찾아보기

가

가운데 크기의 수레(中乘) 211
감각지각(受陰) 224
계정혜 189, 190, 196
곧은 마음(直心) 48, 55, 154, 162
공덕功德 154
공무변처空無邊處 17
공성空性 125, 127
관음 보살 164
귀의 마음(耳識) 176
귀의법이욕존歸依法離欲尊 98, 102
귀의불양족존歸依佛兩足尊 98, 102
귀의승중중존歸依僧衆中尊 98, 102
깨닫는 마음(菩提心) 84, 114, 142
깨달음의 길(佛道) 132
깨달음의 본질(佛性) 181
『금강경』 19, 26, 34, 131

나·다

남종 187
네 가지 수레의 가르침(四乘法) 211
네 가지 큰 서원(四願) 83, 85
눈의 마음(眼識) 176
능가변상도 24
『능가경』 34

달마 스님 34, 153, 244
대세지 보살 164
『대승기신론』 77, 149
대승大乘 121, 140, 147, 174, 180
도신 스님 34, 245
돈교頓敎 122, 174
돈교법 53, 147, 182
돈오頓悟 35, 135, 143, 187

마

마음 그 자체에서 일어나는 참회
_(自性懺) 91
마음 나눔(慧) 158, 217
마음 비움(定) 158, 217
마음과 대상을 바로 아는 지혜
_(慧解脫) 88
마음의 본성을 본 것(見性) 124
마하 105, 111
마하반야바라밀 105, 111
마하반야바라밀법 105, 115
머뭄 없음(無住) 57, 63
모양 없는 계(無相戒) 73, 81
모양 없는 노래(無相頌) 146
모양 없는 삼귀의계(無相三歸依戒) 97
모양 없는 참회(無相懺悔) 91
모양 없음(無相) 57, 63, 80, 150, 183

몸(色陰)　224
몸의 마음(身識)　176
무기공無記空　106
무념無念　137
무상無常　54
무상송　185
무색계　17
무소유처無所有處　17
무아無我　54
무정세계　227
『문수설반야경』　34
물질이 없는 세계(無色界)　17
미륵 보살　164

바

바라밀　113, 114
바라밀다　110
바른 견해(正見)　83
바른 알아차림(正念)　110
반야　113
『반야경』　127
반야바라밀　34, 122
반야바라밀법　13, 115, 121
반야삼매般若三昧　121, 128, 136, 144
번뇌 없는 마음(心解脫)　88
번뇌 없음(無漏)　227

번뇌 있음(有漏)　227
번뇌　195
범부　114
법달 스님　199
법성法性　225
법신法身　67, 80, 120, 149, 169, 260
법의 몸(法身)　149
법해 스님　271
『법화경』　199, 204, 207
『보살계경』　67, 130
보신報身　76, 81, 150
부처　201
부처님의 지견(佛知見)　207
부처의 수레(佛乘)　200
북종　187
불성佛性　14

사

사람만으로서의 존재성(人我)　126
사상四相　48, 54
삼과법문三科法門　223
삼귀의　97
삼독심　120, 259
삼보　98, 102
삼신불三身佛　73, 74
삼신三身　80, 82, 150

삼신상三身相　81
삼십육대三十六對　223
삼학　120, 189, 190, 197
색계　17
생각이 없다(無念)　57, 58
생사가 없는 마음(無生)　162
서방정토　161, 169
선정　47, 48, 50, 53, 67
선지식　135, 136
세 가지 성품의 부처님(三性佛)　73
수자상壽者相　53
수행자가 의지해야 할 경전
 (所依經典)　44, 63, 186, 273
승찬 스님　244
식무변처識無邊處　17
신수 스님　25, 38, 187
신회 스님　212, 216, 223, 235
12처　224
18계　224, 226

5음　224
완전한 열반(無餘涅槃)　172
외도外道　41
욕계欲界　17, 75, 164, 186
원만보신불　73, 75
『유마경』　48, 55, 60
유정세계　227
6근　137
6문　224
6식　224, 225
6진　224
의식意識　176
인상人相　53
인식작용(識陰)　224
일불승一佛乘　201, 209
일체종지一切種智　139
일행삼매一行三昧　48, 49, 54

아

아상我相　53, 93, 127
안식眼識　69
업식業識　41
여덟 가지 바람(八風)　107
연기법　77, 125, 200

자

자성진불해탈송自性眞佛解脫頌　258
자성화신自性化身　75
자재해탈自在解脫　137
작은 수레(小乘)　211
잘못된 견해(邪見)　83
전식轉識　225, 232
점오漸悟　187

정념正念 108
정사유正思惟 16, 18
종자식種子識 231
좌선坐禪 65, 66, 72
중생상衆生相 53
지상 스님 211
지성 스님 188
지혜의 몸(智身) 149
진가동정게眞假動靜偈 236

차·카

차별을 떠난 진여 공성의 자리
_(第一義) 60
참 부처를 보고 해탈하는 노래
_(見眞佛解脫頌) 257
참懺 92
참회 92, 94, 146, 150
천백억화신불 73, 75
천상계 75
청정법신불 73, 74
청정한 마음 34, 54, 122, 135, 144, 220
최상승最上乘 140, 211
코의 마음(鼻識) 176
큰 수레(大乘) 211
큰 지혜(摩訶般若) 110

파·하

표상이 있는 것도 아니고 없는 것도
아닌 세계(非想非非想處) 17
표상작용(想陰) 224
한쪽으로 치우친 견해(邊見) 137
함장식含藏識 225, 231
허망한 기억(妄念) 63, 74, 108, 110, 142
허망한 생각이 없는 것(無念) 136, 137
허물을 없애는 노래(滅罪頌) 146
혀의 마음(舌識) 176
형성작용(行陰) 224
혜가 스님 244
홍인 화상 14, 23, 27, 44, 147, 245
화신化身 76, 81, 150, 259
회悔 92

돈황본 육조단경

수행자가 의지해야 할 경전, 마음

초판 발행 | 2012년 6월 15일
초판 2쇄 | 2014년 6월 1일
펴낸이 | 열린마음
풀어쓴 이 | 정화

등록 | 1999년 2월 2일 · 제1-a2441
주소 | 110-170 서울시 종로구 수송동
두산위브파빌리온 836호
전화 | 02-734-9428
팩스 | 02-6008-7024
이메일 | dharmabooks@chol.com

ⓒ 정화, 2014
ISBN 978-89-89602-56-9

값 15,000원

부처님의 가르침을 올바르게 _ 도서출판 법공양